THE MAKING OF RUBENS

SVETLANA ALPERS

何香凝美术馆·艺术史名著译丛

范景中　主编

制造鲁本斯

〔美〕斯韦特兰娜·阿尔珀斯　著

龚之允　译　贺巧玲　校

商务印书馆

2019年·北京

Svetlana Alpers

The Making of Rubens

Copyright © 1995 by Yale University
Originally published by Yale University Press

本书根据耶鲁大学出版社1995年版译出。

"何香凝美术馆·艺术史名著译丛"编委会

主　　编：范景中

副 主 编：邵　宏　李本正　杨思梁　乐正维

学术策划：黄　专

编委（按姓氏笔画为序）：

万木春　方立华　乐正维　李本正　杨思梁　陈小文　邵　宏
范白丁　范景中　黄　专　傅无为（德）　鲍静静

总　序

范景中

卡夫卡曾说：通天塔建成后，若不攀爬，也许会得到神的宽宥。这一隐喻，象征了语言交流的隔绝。同样的想法，还让他把横亘的长城与通天塔的垂直意象做了对比。不过，攀爬通天塔所受到的惩罚——"语言的淆乱"，却并未摧毁人类的勇气。翻译就是这种魄力与智慧的产物。

7世纪，玄奘（？—664）组织国家译场，有系统翻译佛经，堪称世界文化史上的伟大事件。那时，为了满足信众的需要，印刷术或许已经微露端倪，但译本能广泛传播，最终掀起佛教哲学的神化风宣，还要靠抄书员日复一日的枯寂劳动。20世纪敦煌藏经洞的发现，让人们能够遥想千年前抄书的格局。当年抄书员普普通通的产品，现在都成了吉光片羽。

远望欧洲，其时的知识传播，同样靠抄工来临写悠广。但是两个半世纪后的公元909年，开始传出一条消息，说万物的末日即将迫近。这在欧洲引起了极大的恐慌，知识的流动也面临着停断的危险。处在如此岌岌危惧之际，心敬神意的抄书员或许会反问自己，继续抄写这些典籍有何益处，既然它们很快就要烟灭灰飞于最后的审判。

他们抄录的书，有一部分就是翻译的著作，是让古典微光不灭的典籍。幸亏抄书员不为 *appropinguante mundi termino*［世界末日将至］的流言所撼动，才让知识最终从中古世纪走出，迎来12世纪的文艺复兴。

这些普通的历史常识，让我经常把翻译者和抄书员等量齐观。因为他们的工作都不是原创。有时，欣赏南北朝写经生的一手好字，甚至会觉得翻译者还要卑微。不过，我也曾把一位伟大校书者的小诗改换二字，描绘心目中所敬重的译者—抄工形象：

一书逐译几番来，岁晚无聊卷又开。
风雨打窗人独坐，暗惊寒暑迭相摧。

　　他们危坐于纸窗竹屋、灯火青荧中，一心想参透古人的思想，往往为了一字之妥帖、一义之稳安，殚精竭思，岁月笔端。很可能他们普普通通，只是些庸碌之辈或迂腐之士，但他们毕恭毕敬翻译摹写那些流芳百世的文字，仅此一点，就足以起人"此时开书卷，心魂肃寻常"之感。更何况，若不是他们的默默辛苦，不朽者也早已死掉了。

　　玄奘大师为翻译所悬鹄的"令人生敬"，大概就隐然有这层意思。这也使我们反躬自问：为什么让那些不朽者不朽？我想，答案必定是人言言殊。但最简单最实在的回答也许是，如果没有他们，我们的生活就少了一个维度，一个叫作时间的维度；它一旦阙如，我们就会像是站在荒漠的空旷之野，前面是无边的茫茫，身后是无边的黯黯。

　　我推测，歌德的几行格言短句表达的也是这个意思：

Was in der Zeiten Bildersaal

Jemals ist trefflich gewesen

Das wird immer einer einmal

Wieder auffrischen und lesen.

（*Sprüchwörtlich*, II, 420）

　　歌德说，在时间的绘画长廊中，一度不朽的东西，将来总会再次受到人们的重新温习。这几句诗和歌德精心守护文明火种的思想一致，它可以用作翻译者的座右铭。

　　文明的火种，概言之，核心乃是科学和艺术。科学是数学、逻辑的世界，艺术是图像、文字的世界。撇开科学不谈，对艺术的研究，尤其对艺术史的研究,说得大胆一些,它代表了一种文明社会中学术研究的水平,学术研究的高卓与平庸即由艺术史显现。之所以论断如此,也许是它最典型代表了为学术而学术的不带功利的高贵与纯粹。而这种纯粹性的含量,可以用来测试学术的高低。王国维先生谈起他羡慕的宋代金石学也是这样立论的:

> 赏鉴之趣味与研究之趣味,思古之情与求新之念,互相错综。此种精神于当时之代表人物苏轼、沈括、黄庭坚、黄伯思诸人著述中,在在可以遇之。其对古金石之兴味,亦如其对书画之兴味,一面赏鉴的,一面研究的也。汉唐元明时人之于古器物,绝不能有宋人之兴味。故宋人于金石书画之学,乃陵跨百代。近世金石之学复兴,然于著录考订,皆本宋人成法,而于宋人多方面之兴味反有所不逮。(《王国维遗书》,第三册,上海书店出版社,第718页)

观堂的眼中,金石学属于艺术史。金石器物就像书画一样,最易引牵感官的微瞋纤末,带起理性的修辞情念。宋代的学术之所以高明,正在艺术兴味的作用。陈寅恪先生也是同一眼光,他评论冯友兰的哲学史,说过类似的意见,《赠蒋秉南序》也赞美"天水一朝之文化,为我民族遗留之瑰宝"。

追随这些大师的足迹,我们不妨发挥几句:一个文明之学术,反映其势力强盛者在科学技术;反映其学术强盛者在艺术研究,鉴赏趣味与研究趣味的融合,最典型则是艺术史的探索。这是将近两百年来世界学术发展的趋势,现代意义的艺术史著作、鲁莫尔的《意大利研究》[*Italienische Forschungen*](1827—1832)可作其初始的标记。它出版后,黑格尔不失时机引用进了《美学讲演录》。

恰好,鲁莫尔[Carl Friedrich von Rumohr](1785—1843)也是一位翻译家,是一位为学术而学术、不计名利、不邀时誉的纯粹学人。他研究艺术史出于喜爱,原厥本心,靠的全是个人兴趣。Character calls forth character[德不孤,必有邻]。参与这套艺术史经典译丛的后生学者,不论是专业还是业余,热爱艺术史也都是倾向所至,似出本能。只是他们已然意识到,社会虽然承平日久,可学术书的翻译却艰难不易，尤其周围流行的都是追钱追星的时尚，就更为不易。这是一个学术衰退的时期，翻译者处于这种氛围，就不得不常常援引古人的智慧，以便像中古的抄书员那样，在绝续之交，闪出无名的、意外的期待。1827年7月歌德给英格兰史学家卡莱尔［Thomas Carlyle］写信说：

> Say what one will of the inadequacy of translation, it remains one of the most important and valuable concerns in the whole of world affairs.［翻译无论有多么不足，仍然是世界的各项事务中最重要最有价值的工作。］

他是这样说，也是这样做的。我们看一看汉斯·皮利兹［Hans Pyritz］等人1963年出版的《歌德书志》［Goethe-Bibliographie］，翻译占据着10081—10110条目，约30种之多，语言包括拉丁语、希腊语、西班牙语、意大利语、英语、法语、中古高地德语、波斯语以及一些斯拉夫语。翻译一定让歌德更为胸襟广大、渊雅非凡，以至提出了气势恢宏的 Weltliteratur［世界文学］观念。他的深邃弘远也体现在艺术研究上，他不仅指导瑞士学者迈尔［Johann Heinrich Meyer］（1760—1832）如何撰写艺术史，而且自己也翻译了艺术史文献《切利尼自传》。

歌德对翻译价值的启示，我曾在给友人的短信中有过即兴感言：

> 翻译乃苦事，但却是传播文明的最重要的方式；当今的学术平庸，翻译的价值和意义就更加显著。翻译也是重要的学习方式，它总是提醒我们，人必犯错，从而引导我们通过错误学习，以至让我们变得更谦虚、更宽容也更文雅，对人性的庄严也有更深至的认识。就此而言，翻译乃是一种值得度过的生活方式。（2015年5月29日）

把翻译看为一种值得度过的生活方式，现在可以再添上一种理由了：人活在现象世界，何谓获得古典意义上的 autark［自足］，难道不是把他的生命嵌入艺术的律动？翻译这套书也许正是生命的深心特笔，伴着寒暑，渡了春魂，摇焉于艺术的律动。这律动乃是人类为宇宙的律动增美添奇的花饰绮彩。

本丛书由商务印书馆与何香凝美术馆合作出版;书目主要由范景中、邵宏、李本正、黄专和鲍静静拟定,计划出书五十种;选书以学术为尚,亦不避弃绝学无偶、不邀人读的著作,翻译的原则无他,一字一句仿样迻写,唯敬而已。

草此为序,权当嚆引,所谓其作始也简,其将毕也必巨也。

目 录

001 前　言

001 绪　论

005 第一章　佛兰德语境中的绘画：农民的《露天集市》

057 第二章　制造一种鲁本斯趣味

091 第三章　肉体中的创新：《酒醉的西勒诺斯》

145 注　释

157 图片目录

163 索　引

前　言

这本书的写作花了很长的时间。尽管姗姗来迟，但仍要感谢以下曾邀请我通过讲座或讨论课的形式讲授书中内容的部门和单位：堪萨斯大学的卡瑞斯艺术史系，在那里我举行了富兰克林·D. 墨菲［Franklin D. Murphy］系列讲座；罗格斯大学，在那里我举行了梅森·克罗斯［Mason Gross］系列讲座；还有法国社会科学高等研究学院。我还要感谢盖蒂中心［Getty Center］的艺术史和人文学科部门，在那里我享受了很多闲暇时光用来思考、阅读和写作，还有柏林的高等研究所［Wissenschaftskolleg］，在那里这本书得以最终完成。

第二章的某些部分曾发表在1991年的第48期的《沃尔芬比特尔研究》［*Wölfenbütterler Forschungen*］，以及《艺术史的历史》［*L'Histoire de l'histoire de l'art*］，即卢浮宫将出版的一系列讲座。

过去，许多人曾为我答疑解惑、提供信息，给予建议与批评。对这些人的特别帮助我在尾注中做了特别鸣谢。虽然一些具体的感谢原因现在也许已很难记起，但我在此还想再次感谢保罗·阿尔珀斯［Paul Alpers］、克莉丝汀·贝尔金［Kristin Belkin］、理查德·多尔蒙特［Richard Dorment］、休伯特·达米斯［Hubert Damisch］、马克·福马洛里［Marc Fumaroli］、琳达·格雷厄姆［Linda Graham］、尤利乌斯·S. 赫德［Julius S. Held］、路易·马琳［Louis

Marin〕、杰弗瑞·M. 穆勒〔Jeffrey M. Muller〕、托马斯·G. 罗森梅尔〔Thomas G. Rosenmeyer〕、丽莎·罗森塔尔〔Lisa Rosenthal〕、琳达·斯通−菲瑞尔〔Linda Stone-Ferrier〕、安德烈·斯图亚特〔Andrew Stewart〕、卡尔·冯·德·维尔德〔Carl van de Velde〕,还有扬·德·弗里斯〔Jan de Vries〕。和蔼可亲的莎伦·海克尔〔Sharon Hecker〕是本书的索引汇编者。

我对伦敦耶鲁大学出版社在出版此书时所给予的专业和热心的帮助表示衷心的感谢,特别是希拉·李〔Sheila Lee〕,她对照片的排版一丝不苟,还有约翰·尼克〔John Nicoll〕和基里安·马尔帕斯〔Gillian Malpass〕,他们对本书的设计提供了各种有益的建议,正是他们不辞辛劳与有求必应,才使得手稿最终顺利成书。

如果没有两位学者朋友的帮助,本书无法最终成稿。伊丽莎白·麦格拉斯〔Elizabeth McGrath〕不厌其烦地对我关于鲁本斯〔Rubens〕的频繁发问做出认真翔实的答复。玛格丽特·卡罗尔〔Margaret Carroll〕是位富有智慧的密友〔*copain*〕,她随时都会提出建议、质疑,并一直随时准备校稿,而且总给予鼓励。

当文字使我远离图像,迈克尔·巴克桑德尔〔Michael Baxandall〕将我引领回去,当遣词造句使我沮丧,他为我指点迷津。

关于本书格式的一些说明。所有引自鲁本斯书信的引文都会尽可能用马古恩〔Magurn〕根据原文翻译的英译本。为了避免打断阅读,注释照例放在章节末尾。如果没有特殊说明,所有作品的尺幅单位都是厘米,高度在宽度之前,艺术家是鲁本斯。

绪　论

今天鲁本斯更多的是一位被崇敬的,而不是被喜爱的艺术家——才华横溢,为人客观中立,对于他那个时代绘画和政治的现状感到满足。对于艺术史家来说,他一直是一位典型的艺术家,因为他的生活和作品似乎很符合研究的方向:也就是说,他与文艺传统的关系、他创新的方式、他对工作室的管理、他的艺术收藏、他维系的与外界的交流,还有他与权贵赞助人的关系,都具有代表性。随着像艺术家和批评家之类的人对意识形态和表现手法的兴趣的回归,他对专制主义的艺术刻画也许会得到一些关注。但鲁本斯与同时代的伦勃朗不同,他在20世纪后期并没有得到引人瞩目的重视。

这本书起源于几年前对卢浮宫所藏的《露天集市》[*Kermis*]——一位圣徒节日的欢庆场面一画的叙述(图1)。这篇文章是1977年为纪念鲁本斯400周年诞辰而准备的。最初是份对艺术创作有些盲目自信的研究,后来出现了许多出乎意料的改变和扩展。我让自己被一系列的线索引导——我觉得大致是这样的——从一幅画作的诞生和环境,到由观者和画家的趣味所创造的画作的后半生,他们在画家之后,通过脑海中的观看经验,再回头把艺术家当作创造者来思考。

第一章探查了环境分析对于人们了解一幅绘画的创作所能起到的作用。考虑到这是一幅描绘佛兰德农民的画作，这就引发了对鲁本斯的民族国家归属和在绘画中如何表现这一问题的思考。最后归纳得出疑问，而后面的两章则对比给出了另外的解读。

第二章旨在解答关于艺术消费的问题。在这里，艺术是根据对更早的艺术的特定态度而被创造出来的。我考察了鲁本斯式趣味的体系，与普桑式的有所区别，它构建于罗歇·德·皮尔［Roger de Piles］（1635—1709）的著作中，德·皮尔是在狄德罗［Diderot］之前的法国一流的艺术评论家；我又根据这条线索考察了相关画作。在这样的艺术体系中，关于性别的区分被一次又一次地塑造。

顺着由此引发的艺术问题，最后一章回到了鲁本斯，来思考他对西勒诺斯［Silenus］那肉嘟嘟和醉醺醺形象的自我认同，西勒诺斯的行动权被剥夺，是他得以倾咏歌曲的条件。制造鲁本斯不仅是情景的问题，或是对他艺术的观看问题，这也是个他作为画家的自我行动的问题。必须把这一点提出来，似乎很奇怪，然而对于人类创造力和生产力的思考已经不流行了。本书的主旨即在于鲁本斯的素描和绘画可以引起人们对这个问题的重新思考。

最后两个相关的论点：从《露天集市》的创作所引出的鲁本斯式趣味的线索，一直引申到《西勒诺斯》［Silenus］，最终完成书本研究的主要是法国的鲁本斯趣味。卢浮宫的《露天集市》是由路易十四［Louis XIV］所购，而现藏于慕尼黑的《酒醉的西勒诺斯》（图63）以及圣彼得堡的《酒神》［Bacchus］（图100）都是从鲁本斯所收藏的自己作品辗转到黎塞留公爵［duc de Richelieu］那儿的。大量我们将会考察的画作都曾被鲁本斯收入自己的藏品中。虽然它们和鲁本斯那些重复地讽刺"丰腴女性"的作品并不属于一个类型，此类画作并没有流行过。法国对酒醉狂欢式的鲁本斯的偏好和鲁本斯的自我倾向是相呼应的。

此外，法国的审美趣味给艺术书写提供了另类的途径：批评的法国传统与艺术史的学院派研究间有着怪异的关系。兴盛于17、18世纪法国的绘画批评写作在形式上是有别于德意志地区的。简单地说——也许过于简单了——在德国对绘画的审美趣味关乎检验人类理智标准的问题,而在法国则关乎教育新收藏阶级,使其拥有讨论和鉴赏识别能力的问题。学者在德意志形式的那种审美趣味中扮演了更为重要的角色,而在法国则是鉴赏家/作家。尽管艺术史写作正如我们所知的那样,在大学的模式中——鲁本斯正如他现在被书写成的那样——存在着很多其他限制。是否还能用别的方法来书写呢?

第一章

佛兰德语境中的绘画：农民的《露天集市》

绘画一

为什么会关注《露天集市》？[1] 我们对鲁本斯的了解，相较于农民的《露天集市》（图1、图4至图12），更多的是通过那些相邻地悬挂在卢浮宫中的画作——这位佛兰德的艺术家接受委托，以法国王后玛丽·美第奇 [Marie de'Medici] 的生活为主题，创作了一系列伟大的画作。鲁本斯在创作这类画作的时候，正如他之前经常做的那样，充当着当时欧洲君主们的赞美者和辩护者的角色。我们可以用《玛丽·美第奇抵达马赛》[Arrival of Marie de'Medici at Marseille]（图2）来举例说明，这幅公共绘画尺幅较大，4米乘3米，原计划悬挂于卢森堡宫。它表现了这位来自意大利的女子，在去面见她的新婚丈夫法王亨利四世 [Henry IV] 的途中，踏上法国国土的场景。在鲁本斯的画作中，她离船登岸的情景由于一些虚构的寓言人物的加入而显得更为充实。这些人物既有代表法国和马赛城的神祇，也有古希腊罗马神话人物，如海神尼普顿 [Neptune] 和特里同 [Triton]，以及三位那伊阿得水泽女神 [naiad]，这些在水中嬉戏的丰满裸体在鲁本斯艺术中无处不在。这幅精美的创作很好地把历史、寓言神话和裸体融合

图1 《露天集市》(《农民的节日》),木板油画,149×261cm,巴黎卢浮宫

图2 《玛丽·美第奇抵达马赛》,布面油画,3.94×2.95m,巴黎卢浮宫

在了一起，也显示出鲁本斯工作室中助手们的默契配合。如果没有那些助手，鲁本斯不可能创作出数量如此庞大的画作，并完成那么多公共委托。²

鲁本斯天赋异禀，在我们的绘画传统中，他在技法上可与毕加索并驾齐驱，同时也和毕加索一样，对自己作为创作者的能力很有信心。与毕加索不同的是，鲁本斯生活在一个公众对绘画有明确要求和期待的时代。作为画家，鲁本斯的创作意图与他那个时代的公共生活息息相关。国王们和王后们可以从鲁本斯的画中看到并理解自己以及自己的统治。

关注《露天集市》是因为这幅画与这类为统治者创作的绘画有明显的区别。在这幅作品中，鲁本斯最为明显地从他的先辈彼得·勃鲁盖尔［Pieter Bruegel］（图3）那里继承了佛兰德农民题材绘画的传统。对于这类农民题材作品来说，《露天集市》的尺幅很大，特别宽，画在木板上，纵约1.5米，横约2.5米（149×261cm），而勃鲁盖尔的作品通常只有纵约1米多，横约1.5米（119×157cm）。不幸的是，我们并不知道这幅作品是否真的是为某人所画。单看其炫耀般的大尺寸就可以推测这是一幅委托之作。解决这一问题的方法也许可以从这幅画的辗转经历来入手。这幅作品完全由鲁本斯一人绘制完成的可能性很小，因为如果是他自己完成的话，那这幅画就有可能是自娱自乐之作——然而这样的情况极少出现，除非是在他晚年。根据记录，这幅画作于1685年4月4日和雅各布·巴萨诺［Jacopo Bassano］的《诺亚》［Noah］一起，从奥特利夫侯爵［marquis d'Hautrive］的一个儿子那儿为路易十四购入；侯爵儿子当时在法国驻布雷达［Breda］的部队中担任军官。鲁本斯这幅关于农民的画作起先挂在凡尔赛宫；后来被搬迁至卢森堡宫，并且1770年在那儿置换了新的背板，这是因为原先的木板因受潮而有所开裂；最后画作被迁移至卢浮宫。虽然我们把这幅画叫作"露天集市"，但当它在路易十四的藏品中时，被称为《乡村婚礼》［Noces de Village］。³

从很多角度去看，这都是一幅令人困惑的画作：虽然在细节刻画和对人物恣情妄为姿态的强调上非常精彩，但又有所不足。首先，这幅画并

图3 彼得·勃鲁盖尔,《露天的婚庆舞蹈》,木板油画,119×157cm,底特律艺术馆

图4 《露天集市》,木板油画,149×261cm,巴黎卢浮宫

图5 《露天集市》(图1)细部

图6 《露天集市》(图1)细部

图7 《露天集市》(图1)细部

图8 《露天集市》(图1)细部

图9 《露天集市》(图1)细部

图10 《露天集市》(图1)细部

图11 《露天集市》(图1) 细部

图12 《露天集市》(图1) 细部

不让人赏心悦目。例如它不能像勃鲁盖尔的《露天的婚庆舞蹈》[*Wedding Dance*]（图3）那样让我们发笑。约翰·罗斯金[John Ruskin]在1849年参观卢浮宫时看到了鲁本斯这幅画，让他心生厌恶：

> 一帮农民聚在某个地方，喝酒、跳舞，就像狒狒一般，身体纠缠在一起以至于看不见腰部。男男女女们还肆无忌惮地亲吻，并为几壶啤酒而吵得面红耳赤。在此之前，我从未想过鲁本斯竟然能这样粗俗……既没有令人愉悦的色彩，也没有优美的造型，还不够诙谐幽默；其野蛮程度昭然若揭：如果这是一幅讽刺嗜酒成性的作品，那还情有可原，可是我无法想象一个善良的人会忍受这种恶俗的想象而画出这样一幅作品。在角落里有一头猪拱着红肿的鼻子，还有两只被精心描绘的鸭子占据着最近的水槽。[4]

罗斯金的说法比较夸张，也许有失公允，不过他关于画面内容的（部分）描述也并非信口开河。在关于鲁本斯的现代研究中，《露天集市》显得非常与众不同，因为在所有鲁本斯作品中，这幅画被描述得最为详尽。画中人物的数量之多，动作姿态的复杂程度，以及微妙的色彩变化，在体现考究构图的同时主题又很鲜明，由此画面营造出了一种适宜仔细观看的感觉。研究者们不止一次地对各种人物的呕吐、肆酒、撒尿、情爱以及跳舞等动作进行了分类。甚至就连前景中的那只猪也得到了评论。可是现代的观众并没有严格区分鲁本斯笔下的农民和古希腊罗马神祇纵情酒色的场景。事实上，鲁本斯的《露天集市》通常被艺术史著作认为与古典时代和古罗马酒神节有着双重的关联。《露天集市》也被称作是农民的酒神节、乡野的狂欢、乡野维纳斯，和带有荷马神话民谣意味的露天集市[kermis]。那些使用这些称谓的作者们都假设鲁本斯曾有意识地把他的节庆主题——同时在文本上和视觉上——与其古代的起源相关联。正因为如此，他才会在勃鲁盖尔的佛兰德农民画的基础上，采用更为博大和文明的语境来创作。[5]

如果我们用18世纪法国画家安托万·华托［Antoine Watteau］（图13）的眼光来看《露天集市》的话，上面的观点就会显得很有道理。一幅红炭笔素描（华托研究《露天集市》的许多习作中的一幅）就着重描绘了最令人瞩目的那对情侣的华丽舞姿，这就是《露天集市》主题内涵被升华看待的证据。基于鲁本斯的图式，华托不仅捕捉到了而且还完善了这种颇具张力的欲望与情爱的激情呈现。由于这一细节被单独提取了出来，在华托作品中的这对情侣几乎已经不再和之前鲁本斯画中的周边环境有任何联系了。

实际上，评论者们都把罗斯金对这幅画——即使是鲁本斯的爱好者也会称之为"对令人厌恶的主题的爱"——的不适，归结为对鲁本斯艺术的一种欣赏。虽然画面有一些部分本质粗俗，人们仍然公认，即使使用了那些粗俗的素材——粗鄙和俗气的佛兰德乡村节庆的细节——鲁本斯仍然创造出了伟大的艺术。雅各布·布克哈特［Jacob Burckhardt］是这样简要评价这幅画作的：

《露天集市》单刀直入式地使用了勃鲁盖尔的样式，通过描绘典型和突发的蛮横个体，表现了农民的行为举止。这给予了被描绘个体充分自由发挥的空间，以及复杂多样的动态、完美的事件整合、基调和色彩，而且只增添了恰到好处的区域性用来烘托整体的效果。

［Die Kermesse befreit das Bauerntreiben mit einem Mal von Stil der Breughel'schen Werkstatt, von der scharfen Herrschaft des einzelnen in den Typen und in den Spässen; sie versetzt dasselbe in das Reich der völlig freien und reichen Bewegung, der Einheit von Moment, Klang und Kolorismus und geibtdabei von der Oertlichkeit nur so viel mit, als der Gesamtwirkung dient.］[6]

图13　安托万·华托,《一对跳舞中的情侣》,红炭笔,23.3×14.7cm,巴黎装饰艺术博物馆

第一章　佛兰德语境中的绘画：农民的《露天集市》　　15

图14　让·格萨尔，《圣母子像》，木板油画（双联画的左联），41×24cm，罗马多利亚美术馆

图15　让·格萨尔，《海神尼普顿和妻子安菲特里忒》，木板油画，188×124cm，柏林国家博物馆

虽然这番言论极为华美地称赞了这幅作品的整体视觉冲击力，但是布克哈特对意大利的偏爱也有所体现。他尖锐地指出这幅作品的"局部性"是次要的，并非至关重要。实际上，他把鲁本斯的艺术性归功于画面整体性和普遍性的效果，而淡化了画面中农民粗俗的细节和行为。（另外有一幅鲁本斯所作的《农民舞蹈》[Peasant Dances]，是由《露天集市》派生出来的画作，原来被叫作《意大利农民之舞》[A Dance of Italian Peasants][图35]，更符合布克哈特的叙述。）⁷

对于任何一个对鲁本斯（特别是对与他相关的艺术史文章）比较了解的人来说，这听上去相当熟悉。众所周知，鲁本斯是一位把意大利传统技艺运用成功的北方艺术家（丢勒曾在百年前做了同样的尝试，但并没有这

图16 《皮毛包裹的海伦娜·福尔芒》，木板油画，176×83cm，维也纳艺术史博物馆

么成功）。鲁本斯的成功之处在于，他使用了一种在深层意义上十分另类的绘画方法，但更为重要的是，他还承接了在欧洲影响主流实践和艺术理念的传统。正是部分因为采取了这一方式，在同时代的画家中鲁本斯在国际上最受青睐。在类似他夫人的裸像《皮毛包裹的海伦娜·福尔芒》[Het Pelsken]（图16）或《诸婴殉道》[Massacre of the Innocents]（图17）那样不同类型的作品中，这种论点也许可以成立，鲁本斯通过把客观自然和主观见解与秩序整合在一起，不但实现而且完美地彰显了意大利文艺复兴绘制图画的成就。对此，有人也许会提及马克思·J. 弗里德伦德尔[Max J. Friedlaender]的箴言作为补充：通过这样的方式鲁本斯也解决了尺幅和最后润饰的问题。这一问题无疑困扰着16世纪那些关注南方的北方画家，如何在画一幅画时，既像凡·艾克[Van Eyck]那样细腻，同时又像米开朗琪罗那样宏大。（这一问题明确地呈现在了让·格萨尔[Jan Gossart] [1470/1480—1532]分裂的绘画风格上：对比他的凡·艾克式的《圣母子像》[Virgin and Child] [41×24cm]和他的米开朗琪罗式的《海神尼普顿和妻子安菲特里忒》[Neptune and Amphritite] [188×124cm] [图14、图15]。）举例来说鲁本斯的《诸婴殉道》（199×302cm）向我们展示了对婴孩身体、他们惊慌失措的母亲们扭曲的形体，以及攻杀中的士兵们的细致刻画。这幅画还把带有神圣色彩的拉奥孔式造型运用到了左边的士兵上，并且在塑造中间母亲的形象时使用了表现人类绝望的典型悲剧英雄的造型。基于类似作品，可以预见的是，鲁本斯会把乡村的节庆塑造成乡村的酒神狂欢。

　　除了罗斯金把这一题材画作的粗俗当作败笔，其他评论者都把他们的注意力集中于鲁本斯对粗俗农民主题的提升，就好像那些农民已被他转化成了艺术，而他的画作已经完成了这种转化。可是高雅与低俗的融合只是问题的一部分。虽然这与他的其他创作保持了一致，但是这种盖棺定论式的观点忽略了他《露天集市》的诸多怪异之处：鲁本斯正试图接受某种东西。他并不是在试着脱离粗鄙的佛兰德农民，而是试图找到表现

图17 《诸婴殉道》，木板油画，199×302cm，慕尼黑老绘画陈列馆

他们的方式。

　　这幅画作的怪异之处似乎正显示它遇到的难题。卢浮宫的这幅画可以并且已经被极为精准详细地复制了。但必须承认的是，对这幅画面的整体复制，就如同在展厅里第一次概略地观看它一样，令人失望。画作的不协调性在于：近看时，人物绘画显得十分流畅，然而在远观时——他们似乎被画得太小了，或尺幅太大了——人物表现就显得很弱。从细节刻画中可以即刻知道，这幅画作被刻意安排营造出一种适合远距离整体观察的感觉，统一的全局视角似乎是老勃鲁盖尔那样的俯视角。画面的对角线空位，就好像是一条被画出的线，从下角那个在享乐调情和跳舞的人群边上蹲着的妇女，一直到地平线上的教堂尖顶，被非常微妙地与一连串贯穿画面觥筹交错的手相对应，这些举起的手从酒馆一直朝向跳舞的人群，再到远处的风景。这样的手势安排只有近观才能被看到。而鲁本斯对色彩运用的明显嗜好，我们可以在中间靠左的桌边人物那里，那些手里，还有左下

方的茶色和单色调的静物（几乎是夏尔丹式的色调和处理）中看出，这一嗜好受到了构图方式的挑战、塑造和控制。[8]

为什么鲁本斯会开始涉及农民题材？我们应该如何解释他对描绘此刻的农民的考虑？当时佛兰德的情况——我会，如同约定俗成的那样，用这一省份的名称来指代西班牙统治下的尼德兰——还有鲁本斯在绘制《露天集市》时对待那些情况的态度又是怎样的呢？在多大程度上，这些因素可以让我们理解这幅画呢？

情境一

1630年3月，鲁本斯作为西属尼德兰的统治者伊莎贝拉［Isabella］的外交使节，在经过近一年半的连续转辗于西班牙和英国的外交活动后，终于回到了自己的家。他在西班牙长达七个月的旅居——据说他在那里从事的绘画工作的其中一项就是临摹了大多数的收藏于西班牙王室的提香的作品——典型地体现了鲁本斯这些年来非同寻常的艺术与外交相结合的实践。虽然与王室艺术赞助人进行沟通商议是当时艺术家必须具备的一项技能，但鲁本斯隐藏于其艺术活动外衣下的外交职责是史无前例的。引人注目的不仅是从事这些活动所需要的精力和策略，还有这种特殊的把艺术家手工技能和外交家辞令与社交技能相结合的能力，尽管这种能力并不总是受到赞誉。鲁本斯的外交目标（几乎不可能实现）是让剑拔弩张的南北尼德兰地区（也就是我们通常大致称为荷兰和比利时的地区）停战，然后恢复他祖国的良好的经济状况，具体来说就是指安特卫普市［Antwerp］。（荷兰人为了对抗西班牙而对安特卫普的斯凯尔特河进行了淤泥填塞，作为港口的安特卫普因此遭受了封锁和毁灭性的打击。）到了1630年3月，鲁本斯成功地在西班牙和英国间进行了斡旋，使双方停战，他希望这可以向他的目标推进一步。为了向这样的胜利致敬，就在1630年12月条约正式宣布之前，回到了安特卫普的鲁本斯迎娶了他的第二任妻子，年轻的海伦娜·福尔芒［Helena Fourment］。我之所以提及这些开心的事件，是因为《露天集市》可以被确凿地认为完成于此后的一到两年内，因此通常被认为与这位外交官画家对佛兰德人重新点燃的热爱有关，这也与他回到家中，回到他的新婚妻子和他的艺术身边有关。因此，新发现的幸福成了艺术的来源。⁹

当一个像鲁本斯这样的艺术和政治领域的国际主义者回到家中，并以本国本土传统绘制了一幅绘画时，在他的艺术和生活之间也许存在着某种联系。但是我们对这一联系的认知是复杂的，如若我们把鲁本斯回家时的公共状况进行重构的话。当时并没有什么值得庆祝的地方。在特定背景下签订的条约并没有带来预期的和平，1629年荷兰出人意料地军事占领了斯海尔托［'s Hertogenbosch］——一个在传统上与安特卫普、布鲁塞尔［Brussels］和卢万［Louvain］齐名的位于布拉班特省［Brabant］的主要城镇。西班牙国王菲利普四世［Philip IV］在严重的经济压力下拒绝支援。他为了自保，决定不再对拥护王室的省份增加军事援助，而且也不给他们与荷兰共和国谈判的自主权。简而言之，西班牙既不会放弃战胜荷兰的想法，但也不会为实现这一目标给予西属尼德兰财力支持。这一状况被认为变得非常严峻，于是1632年一些佛兰德的贵族筹划了一场起义来反对他们的统治者，也就是鲁本斯所依靠的雇主——伊莎贝拉女大公［the archduchess Isabella］。

一个事件也许让鲁本斯最为直接地认识到了佛兰德和西班牙之间本质的，或许是不可调和的不同，那就是安布罗焦·斯皮诺拉［Ambrogio Spinola］之死，他被鲁本斯敬为朋友和赞助人，他也在1630年秋天去世，这距离鲁本斯回到安特卫普仅仅半年。大约在此两年前鲁本斯曾为他绘制过肖像，就在斯皮诺拉离开佛兰德去西班牙之前不久。出生于热那亚银行家庭，后为西班牙指挥官——他很快由于其军事功勋被委拉斯克斯［Velázquez］当作布雷达之降的高尚的战胜者而永远记录下来——对鲁本斯来说，他代表了西班牙支持在尼德兰地区进行和平协议的最大希望。因此他在意大利（他被迫从尼德兰流放至此）的死亡，以及由西班牙国王和他的顾问奥利瓦雷斯［Olivares］所引发的种种问题，一定使鲁本斯感到更为沮丧。[10]

虽然鲁本斯由于回家而感到快乐，但他回家后写的信件却表明了私人的喜悦糅杂着对佛兰德未来的顾虑。1631年的早些时候，距他结婚仅一个月多一点，鲁本斯对老友写道："我对自己的婚姻状况和与英国达成和平而感到非常满意。"他又用了很长的篇幅叙述了他外交酬劳的拖欠问题，并以此结尾：

> 我对宫廷感到非常厌恶以至于我不再打算在未来的某时去布鲁塞尔……我个人受到的恶劣待遇使我烦恼，而公开的恶行让我感到害怕。看上去西班牙宁愿把这个国家当作战利品拱手让给第一个侵略者，让这个国家没有金钱也没有秩序。我有时在想我应该退休和我的家人去巴黎为王太后［玛丽·美第奇］效劳……我希望暴风雨将会过去，但就现在而言，我还没有做出任何决定，我向主祈求引导我去做最好的事情。[11]

这样一来《露天集市》就不仅是在他愉快的归乡情况下，也是在他对佛兰德未来顾虑重重，甚至严重到偶尔会考虑暂时离开的情形下绘制而成——虽然他对宫廷感到疑虑不安，他还是想把自己的命运寄望于王室。讽刺的是，结果是玛丽·美第奇而不是鲁本斯，被迫在六个月之后从她的国家逃离到了边境，并且见到了这位忠诚的画家。鲁本斯向西班牙恳求庇护这位前任法国王后，他的一位重要的王室赞助人，同时（从她母亲奥地利的乔凡尼［Giovanna of Austria］那里追溯）她也是出身于哈布斯堡家族［Habsburg］，但他的要求没有得到理睬，最终她继续逃亡到了阿姆斯特丹。《露天集市》是由对佛兰德状况的担忧所引发的作品。在某种意义上说，这是为佛兰德的请愿。

然而如果你正对祖国感到绝望，为什么要回归到狂欢和农民的题材呢？这些农民狂欢者又与这样的事实和情绪的背景有着什么样的联系呢？狂欢者恰巧在鲁本斯所描绘佛兰德状况的毋庸置疑的实例中占有一席，尽管并非是用农民来表现——我是指他在数年后，也就是1635年创造出来的迎接入城的艺术装饰，这些作品被安特卫普用来表达对佛兰德的新总督——费迪南德大主教［Cardinal-Infante Ferdinand］菲利普四世的兄弟的正式欢迎。为了这样的场合，木板绘画和其他在巨大木质结构或舞台上的装饰，会被放置在街道以及城市的几个主要广场上，仪仗队伍会由那些地方通过。[12]

鲁本斯为迎接这位新统治者而创作的大多数装饰设计，都是对他和他的家族血统的必不可少的颂扬，以他最近取得的在德意志诺德林根［Nördlingen］对瑞典人的胜利为开始。不过最后，在他进入仪式高潮的时候，费迪南德却遇到了一组用不同寻常的方式绘制的图像，使他要直面战争所带来的惨状以及随之而来的安特卫普经济的破坏。那幅敬献给商业保护神墨丘利的名为《墨丘利场景》［Stage of Mercury］（图18）的作品，通过展示事态的严峻来向这位西班牙总督呼吁，要重振安特卫普的航海商贸和经济繁荣：在画面中间墨丘利跳着脚尖旋转芭蕾舞正在离开那个城市，留下那被束缚的无助的斯凯尔特河［River Scheldt］沉眠在干涸的坟墓里，还有那在墨丘利脚边的象征着城市的绝望的女性，以及那巨大港口处被遗弃了的船舶。在逃离中的墨丘利右边的是表现当下损失的图像：一个失业的水手被迫在陆地上劳作，他正从铲子转向象征着"贫穷"的人物，那人给了孩子一棵生蔬菜，这是他给孩子的唯一食物，不过一些对未来的希望被寄托于"贫穷"的女儿"工业"，那个形象被添置在"贫穷"的右侧。凄凉的景象被绘制在了右侧，而左侧的图像则展示了过去的富饶：大量的黄金宝藏从象征着"富裕"的人物形象手持的丰饶之角［cornucopia］中流出。

在某些方面让人感到相当吃惊，而且对我们来说与《露天集市》有

图18　西奥多·凡·蒂尔登，仿鲁本斯，《墨丘利场景》，收录在卡斯帕·热尔瓦提乌斯出版的《费迪南德入城仪式介绍》（安特卫普，1642年）

所关联的是，这种繁荣导致了狂欢，正如画面的最左侧的狂欢之神科摩斯［Comus］所代表的那样。这让人惊奇是因为，就如同鲁本斯亲密的朋友卡斯帕·热尔瓦提乌斯［Caspar Gevaerts或Gevartius］，对那些最初展示的入城装饰所做的仔细而十分严谨的编辑中记录的那样，科摩斯或狂欢可以而且事实上经常指向肆意的放纵和无节制，并导致纠纷和打斗。为什么要把这当成美德呢？与这种警世式的观点相悖的是，鲁本斯选择调用酒神的活力和狂欢作为一种代表安特卫普繁荣及和平的过去的积极图像，虽然他们有着问题重重，甚至是危险或丑陋的一面。[13]

这不是鲁本斯调用酒神的狂欢作为展示和平繁荣对抗战争的图像的孤例。他在现以《战争与和平》［Peace and War］（图19）为名的绘画中也

图19 《战争与和平》,木板油画,203.5×298cm,伦敦国家美术馆

图20 《农业》,约阿尼斯·波奇乌斯出版的《叙述史》(安特卫普,1602年),第195页

是这么做的，那幅作品是他为英国国王在1629至1630年间商讨英国和西班牙间和平条约的情况所绘。一个用水果装饰的萨提神［satyr］、两个酒神女祭司［bacchantes］伴随着无数珍宝和一个小手鼓在和平之神处欢呼雀跃，这些都被用来渲染利益和欢愉，也就是和平带来的果实和繁荣。鲁本斯人物形象的创新个性鲜明地展示了一种不安，这在更大程度上是和发动战争的活动而不是与保持和平的那种安宁相呼应的。他的和平图像是动态的：战争正在被克服，在图上表现为密涅瓦［Minerva］向右驱逐战神［Mars］，而酒神式狂欢则相伴于左侧。[14]

在连绵不断的战争和恶劣的经济背景下，对于佛兰德人来说，《露天集市》承载着和平图像的职能，这种和平被呈现在佛兰德农民享有的喧嚣而美好的生活中。在这个意义上这幅作品和科摩斯、萨提神以及酒神女祭司的形象类似。虽然《露天集市》在画面呈现和处理方面有所不同，但这些作品都同样包含着对佛兰德的关切之意。也可以这么说，入城欢迎仪式的作品通过高雅的、国际化的和寓言的模式来为安特卫普请愿，而《露天集市》则通过老勃鲁盖尔的本土底层生活传统来赞美这个国家的人民。

说完狂欢，再说狂欢者，有很多经济原因使得鲁本斯就此使用了乡村人物来体现他对一个繁荣的佛兰德的期待。简而言之，这幅画作有一些经济背景的关联。虽然军事行动在16世纪后期毁坏了乡村地区，有据可证到了1630年农业又再一次振兴。密集型种植技术和乡村工业或家庭手工业相整合的系统保持了生产率和就业率在乡村的高水平发展。17世纪的佛兰德是欧洲其他地区农业发展的典范。[15]

如果他想的话，鲁本斯本可以把农民添加到他的入城欢迎仪式的装饰作品中。农艺场景一直是这种场合的传统组成部分。这些场景在1594年和1599年两次出现在欢乐入城仪式［joyous entries］中，那是为前任统治者们——恩斯特大公［Archduke Ernst］和阿尔伯特［Albert］与伊莎贝拉夫妇举行的。那些为纪念他们而制作的雕刻版画表明这些活动相当严肃，一本正经的农村男女们被安排在整齐的行列中，载着体现他们劳动和劳动果实的图像符号，作为对佛兰德乡村生产力的一种致敬（图20）。像鲁本斯那幅被称为《拉肯的农场》[Farm at Laeken]的画作（图21）也许就试图给予农业这种积极的解释，这幅画描绘了一片鲜亮的风景中，沉稳端庄的农村男女在堆满自然的果实的独轮推车旁边照看着牛群。不过，他还是把农民排除在了入城仪式的设计之外，因为他想要集中表现新统治者所面临的中心问题：安特卫普航海商贸的失败。因此，从某种意义上来说，《露天集市》不仅仅赞颂了乡村的美好生活，也在与现状对话，尤其是鲁本斯故意不呈现给费迪南德的经济现状。

鲁本斯并不是第一个在国家沦丧时致力于关注农民安康的画家。就像16世纪60年代勃鲁盖尔的乡村节日画那样，鲁本斯所描绘的人群是问题重重的佛兰德的经济寄托。与他要离开政治而专注画画的宣称相左，鲁本斯在拿起画笔的时候并没有把对外交事务的担忧抛诸脑后。

在那个世纪中期的几十年里，许多富人都舍弃安特卫普而到农村中去了。他们摇身一变成了地主贵族，在16世纪的社会地位和经济重要性上取代了城市显贵。在绘制完《露天集市》的数年后，鲁本斯也在这个新兴地主阶级显贵的世界里找到了自己的位置。1624年他向菲利普四世提出贵族特权的申请，并且在1630年被查尔斯一世[Charles I]封为骑士。（这项荣耀在英国得到延续，邦德街的鲁本斯展览图录里都称他为彼得·保罗·鲁本斯爵士，或彼得·保罗·鲁本斯骑士。）当他在1635年购置了斯滕城堡[Het Steen]的田庄时，他巩固了其地主的身份，其次，他还获得了随着那份地产而来的采邑领主的称号。正当他向费迪南德提出安特卫普正在衰亡的警告之时，尽管鲁本斯还在安特卫普的豪华宅院里生活和工作，但也加入进从城市逃往乡村的行列。

鲁本斯成了一位庄园领主。如果要从庄园领主的角度观看农民的呈现，我们更应该看由大卫·滕尼尔斯二世[David Teniers II]（1610—1690）绘制的多幅《露天集市》，而不是鲁本斯的。鲁本斯的农民会呕吐、撒尿、倒在桌子上醉宿，并与猪猡为伍，而滕尼尔斯的画作则以穿着整洁考究的

第一章 佛兰德语境中的绘画：农民的《露天集市》

图21 《拉肯的农场》，木板油画，81.5×127.5cm，英国皇家收藏

农民为特色，他们的举止得体端正，足以受到上层观赏者的赞美，甚至有时上层观察者还会参加他们的舞蹈，正是那些上层人士的庄园使得地平线上的乡村显得优美高雅（图22）。对于乡村社会的财产和礼仪的强调与艺术家对自身社会地位的明显焦虑相契合。滕尼尔斯也希望晋升为贵族，但和鲁本斯不同，对他来说，这成为了一场耗时耗力的斗争。鲁本斯担心自己无法保持相对于宫廷的独立性，拒绝前往布鲁塞尔担任阿尔伯特和伊莎贝拉的宫廷画师，而且他还直言不讳地说出——作为一个男人和画家——为什么他选择了商人的年轻女儿而不是宫廷中的女士作为他的第二任妻子。与之相反，滕尼尔斯则搬到了布鲁塞尔成为了宫廷画师，在某种程度上致力于用绘画来称颂统治者利奥波德·威廉［Leopold William］的藏品，他迎娶了一位富有且社会地位显赫的女子作为他的第二任妻子，并购置了一座乡村庄园，离鲁本斯的斯滕城堡不过一里格［league，里格，长度单位，约4.8千米——译注］——不过他还得再等待25年的时间，也就是直到

图22 大卫·滕尼尔斯二世，《露天集市》，布面油画，76×112cm，维也纳艺术史博物馆

1680年，才获得贵族晋级的许可。[16]

虽然鲁本斯和滕尼尔斯都对佛兰德的乡村感兴趣，但是他们的描绘有着很大的不同。滕尼尔斯在庄园之前非常鲜明地描绘了一位庄园领主（他曾经被认为是画家本人），他的家人和一个仆人正在接受农民进献的一条鱼（图23）。鲁本斯则不同，他使用了非常值得玩味的手法对乡村场景做了一些变化：他把庄园的堡塔描绘成中世纪骑士比武的布景（图24）；又或者，正如在伦敦那张有名的风景画上一样，他的塔楼被描绘成一栋乡间别墅，画面上若隐若现的庄园领主，正在俯瞰丰盛的自然果实，农民们有的驱着满载的货车去集市，有的则在猎鸟（图25）；最后，他还描绘了一个令人惊奇的充满冲突的爱情花园，其中出身高贵的人表现得和农民一样粗俗（图26）。然后，再回来对比两位艺术家所描绘的《露天集市》，可以说，为了表达他所渴望的适合庄园领主地位的一个和谐丰饶的乡村社区

图23 大卫·滕尼尔斯二世,《安特卫普附近的施特克斯霍夫庄园的一景》,布面油画,82×118cm,伦敦国家美术馆

图24 《城堡前的比武》,木板油画,72×106cm,巴黎卢浮宫

图25 《斯滕城堡的风景》,木板油画,131×229cm,伦敦国家美术馆

图26 《城堡公园》,木板油画,52×97cm,维也纳艺术史博物馆

场景，滕尼尔斯删去了本来这种场景中普遍存在的低俗举止，或将其修改得微不足道。鲁本斯虽然同样是一位庄园领主，但在他的《露天集市》中却排除了这样的社会化考量。虽然他构建了一个提升主题的画面，通过展示在乡村节日中的佛兰德农民，将各种人类的欢愉表现了出来，但他的《露天集市》并没有特别体现出作者的社会地位问题。

我一直旨在揭示，鲁本斯对1631年左右的佛兰德形势的介入，是如何有助于解释这幅画中非常明显的"地域性"部分的意义。虽然鲁本斯的《露天集市》源于，并且提示了具体的历史情境，但是它同时也希望超越这些具体历史情境。尽管这件作品很明显地使用了承袭自勃鲁盖尔（还有他之前的纽伦堡[Nuremberg]版画工匠）的绘画传统来创作，该画作的主题却很难说清——"露天集市"还是"婚礼"。它描绘的究竟是什么呢？鲁本斯排除了集市、文娱活动、宗教仪式和必备的通常用来确认一场"露天集市"的圣徒旗帜。左侧挂在挂毯上的婚礼头冠似乎可以证实路易十四物品清单上曾给予画作的名称——《乡村婚礼》[Les Noces de Village]——是正确的。一位留着当时流行的发式的新娘，头发蓬松地垂于脑后，确实出现在了鲁本斯绘制的一幅素描草图中（图28）。然而，虽然有那个挂毯上的礼冠，在画作中却并没有新娘出现。鲁本斯似乎特意把她排除了。宴会和舞蹈的结合似乎源自一些成对的图像，我们可以从一些16世纪德意志的乡村庆典版画中找到它们（图27），但是从未有图画将婚礼场景放在一个如此广阔的田园风景中。于是，尽管他绘制并且保留了庆典场景中常有的图像范式，如呕吐的男子和他的妻子、睡着的男子、猪猡，还有缠绵在一起的情侣（那些很显眼的喂奶的母亲们似乎是他添加的），鲁本斯对传统活动中农民的生动描绘与之前任何一幅画的场景都不同。也可以这样更正面地评价，鲁本斯在没有特定主题的条件下，成功地保留了农民行为举止和外貌的特性。[17]

具体事件场合的缺失为鲁本斯所选择表现的那种视角综合性提供了助力。这种综合性所具有的特殊基调部分要归功于古典——在图示和文本上

图27 丹尼尔·霍普费尔,《露天集市》,铜版画(两幅),24.4×48.6cm,
维也纳阿尔贝蒂娜博物馆

图28 《露天集市》习作,红炭笔、黑炭笔、棕色墨水素描稿,
50.2×58.2cm,伦敦大英博物馆

第一章　佛兰德语境中的绘画：农民的《露天集市》

图29 《跳舞中的情侣》习作，黑炭笔、棕色墨水素描稿（图28的背面）

都是。舞者的姿势传达了一种高尚的情调。这种情调，也就是一种次古典的情调，可以从鲁本斯的《膜拜维纳斯》[*Worship of Venus*]（图30）中左侧这些人物以仙女 [nymphs] 和萨提神的形象的重复出现得到佐证。我们更关注代表着往昔神话和当下农民形象的人物姿态的互换性，而不是哪种图示先出现（尽管有证据似乎可以证明《露天集市》中的形象出现较早）。鲁本斯在这两幅画的创作中受到了文本传统的鼓舞。在古代田园诗的世界里，农民们在欢庆中会很典型地与当地的仙女与萨提神相伴。（西班牙普拉多博物馆的《农民舞蹈》[*Peasant Dance*] 再次用更高尚的方式重演了两种形象的融合 [图35]。）《露天集市》中的群体形象更加有力地证明了鲁本斯对这种田园世界的引用——两种形象都不曾传统地出现在农民庆典的绘画中。远处教堂的尖塔把我们带回了当时的基督教世界。[18]

　　农民庆典的文学先例可以在贺拉斯 [Horace] 的《颂歌》[*Odes*] 中，最重要的是在维吉尔 [Virgil] 的《农事诗》[*Georgics*] 中找到。鲁本斯

图30 《膜拜维纳斯》，布面油画，217×350cm，维也纳艺术史博物馆

的农民形象可以用贺拉斯诗中的那些兴高采烈地用脚踩地的欢庆祈祷的舞者来形容——"现在是欢饮的时候了，同伴们，现在用无拘无束的脚来踩地吧"["Nunc est bibendum, nunc pede libero / pulsanda tellus ..."]（贺拉斯，《颂歌》，第1卷第37首）。而将节庆安排在乡村场地和农业生活中则使之更接近《农事诗》——维吉尔为赞颂农作的热烈的爱国主义诗歌。这部诗歌是在那场可怕的、恺撒被刺后不久在罗马城内爆发的内战期间写就的。在诗歌中农民们辛苦劳作换来的农闲和另一个世界形成了对比，在这个世界中人们毁坏城市，积聚财富，并让自己被鲜血浸湿。这个时代和鲁本斯所在的时代并无太多不同之处。鲁本斯对节日的描绘方式从具体的佛兰德农庆中分离出来，并通过古典方式使其指向他祖国状况的普遍性质。如同维吉尔在《农事诗》中所做的那样，鲁本斯也把农民的庆典作为战争时期的一种和平的存在方式。[19]

具体事件的缺失和古典时代的氛围都是鲁本斯所运用的手段，这些手段使得他所描绘的画作既不是一幅"露天集市"，也不是一场婚礼，而是一幅用佛兰德农民的典型形象来呈现人类欢庆的画作。鲁本斯并不打算让我们把他的佛兰德农民肖像从他所呈现的他们的视角中分离出来——他如此坚定地想要把他对佛兰德的状态和当地人民的看法与这种古老和普遍的人类视角结合起来，或者以后者来定义前者。我们兜了一大圈，又回到了我们开始时提到的罗斯金和华托。鲁本斯在《露天集市》里试图同时保有这两个人的视角——低俗和高贵——而不厚此薄彼。鲁本斯那种结合对当世现实的描绘（为罗斯金所反感）与对普遍真理的呼吁（为华托所推崇）的方法是他画作的典型特征。在他第二任妻子的肖像（藏于维也纳）中，鲁本斯更在乎表现美丽而不是欢庆（图16）。但在这里，同样的，艺术家也把对妻子具体的肉体呈现与一个更为普遍的视角协调起来：她肋骨部位肌肤的褶皱、她膝盖上的浅凹，以及她蓬松的数缕头发，都被鲁本斯聚合起来以重现一个美神维纳斯应有的造型姿势——那个她在艺术中长期拥有的姿势。这值得注意。至于《露天集市》，就像他妻子的肖像一样，证明了鲁本斯对艺术所独有的自信。因而，对鲁本斯选择和处理农民素材有着重要影响的，我们也许可以称之为"超情境"[supra-circumstantial]。

绘画二

在某一刻，我曾对这一结论感到心满意足，并且准备就此收手。然而仍有一个问题存在：这一结论夸大了这幅作品的某些特点从而忽视了许多其他的特点。在看这幅画时过分重视成为酒神式舞者的佛兰德农民，就仿佛将这幅画看作是就像它的名字《农民舞蹈》（图35）所说的那样。这就把关于这幅画最令人费解也特别令人愉悦的部分给抛下了——或者更恰当地说，是对于鲁本斯而言最令人费解也令人愉悦的部分。可以这么认为：这是一幅奇异得不能让人满足或者说悬而未决的画作，这种奇异来自一些非常精彩的绘制。

图31 《膜拜维纳斯》(图30) 细部

图32 《露天集市》(图1) 细部

鲁本斯进行这种题材的创作是如此让人吃惊，以至于其画作形式上的怪异之处看似更应归功于题材本身，而与鲁本斯创作的成分关系不大。让我们再看一下这幅作品。首要的问题就是之前提到过的关于画面的尺幅。鲁本斯对于画面尺幅的把握有着不可思议的真正意义上的感觉，在这里我是指他可以并经常把尺幅相差极大的人物形象组合起来，并且让人信服地把他们放在同一图画场景中。《玛丽·美第奇抵达马赛》和《膜拜维纳斯》可以作为不同的例子：不同种类和尺幅的人物形象就好像游泳者一样被悬置在一个绘画媒介中（图2、图30）。有着许多附加人物的画作《膜拜维纳斯》可以表明这种潇洒自如，鲁本斯得以随心所欲地增加人物形象，并且把他的描绘场域扩展到不同方向。

《露天集市》则不一样：从远处看——虽然许多评论者和出版者都倾向于避免从远处观看——与他们所在的酒馆前的空地相比，人物看上去太小了，并且和坐着的饮酒者对比起来那些舞者看上去更加矮小。这就好像不同的系统——一个场景系统和一个或两个人物系统——被很费劲地联合在了一起。靠近看和远处看所得的画面是互相独立的：凑近看，可以看到笔触灵活的充满活力的人物，而从远处却可以看到像虫子一样的群体被压入一个三角形的结构中；凑近看，我们可以直接看到人物，而在远处我们可以看到像老勃鲁盖尔群像画中的那种大体排布。这种差异在于，华托在画跳舞情侣时采用了靠近观察的视角，而杜米埃[Daumier]临摹的作品则采用了综合排布的视角。有意思的是，杜米埃通过把人物散布在右侧以及去除空余的远处空间，压缩了人群和空间之间的对比。[20]

尺幅的问题和空间的问题相关联。鲁本斯绘画中呈现的这种空间布局并不常见。空间在他的画作中不是一个先决的容器，一个为人物构造的舞台，而是居次要席位。没有人物的空间是不可思议的，也是未被设想的。与其称之为绘画空间[pictorial space]，不如称之为绘画场域[pictorial field]。鲁本斯的画作体现了这一区分的重要。但是在《露天集市》中，一条被似路非路的空地标示出的对角线把人物推到了一边，并且在角落里留下了一个空余的空间，其中塞满了鸭群、一只猪，还有水。

鲁本斯在实验空间时所遇到的困难可以在他使用的范例——阿德里安·布劳沃［Adriaen Brouwer］的一幅农民舞蹈画——里找到踪迹。布劳沃是当时一位精通这种农民题材的画家——尽管用这样的术语来描述他不足以说明他绝妙的艺术、他的人生，或者从他那儿产生出来的传奇。在后面我们会用更多的篇幅来讨论他，但是在这里值得注意的是一份文件证明了鲁本斯在1631年购买了一幅布劳沃的《农民舞蹈》［*Boerendans*］，如今只有一幅素描摹本（图33）在柏林保存下来。鲁本斯的酒馆、树木和前景角落里的景物都学自布劳沃，整个画面的设计也是如此。不过布劳沃作品的价值可不只是被鲁本斯引用。鲁本斯是一位图画模仿大师，一位能把自己的模式和步骤融于另外一位画家之中，同时又能把那范式调节成自己模式的大师。在这个意义上，事情进展得并不是很容易或很顺利。

人们曾经认为鲁本斯的农民们可以让他随心所欲地用艺术转化。换个角度我们也许可以这样想，他在试图使用一些并不属于他的绘画元素。换句话说，他并非在转化那些粗鄙的农民，而是试图找到自己呈现他们的方式。让我们这样修正地说，这不仅仅是"农民"题材，而且还是关乎忠诚——用现在的话来说，有一丝民族或国民认同感的意味。鲁本斯关注了布劳沃，使用了布劳沃的范例，来帮助自己解决被编译到绘画中的佛兰德身份的问题。

情境二

在强调农民低俗和粗鄙的一面以及用自己的偏好描绘他们时，鲁本斯把注意力集中在了那些在当时被认为是佛兰德典型的行为举止。这些当地的行为举止得到了费迪南德的描述和嘲讽，这位由鲁本斯的城市装饰迎进安特卫普的总督，在从安特卫普写给在马德里的国王的信中说道：

第一章　佛兰德语境中的绘画：农民的《露天集市》　　39

图33　马泰斯·凡·德尔·贝尔赫，仿阿德里安·布劳沃，《农民舞蹈》，1659年，钢笔素描，21.1×31.5cm，柏林版画素描博物馆

昨天这里举办了他们所谓的"露天集市"的盛大庆典。长长的队伍中有着许多庆祝胜利的货车，在我看来这似乎要比在布鲁塞尔的漂亮得多；当这些都走过场后，他们会开始吃吃喝喝，喝得酩酊大醉，因为如果不这样的话，这就不算是这个国家的一个庆典。毫无疑问，他们像野兽一样生活在这里。[作者的翻译]

[Ayer fué la fiesta mayor deste lugar que llaman la caramessa, es una procesion bien larga con muchos carros triunfales, á mi parecer mejor que en Bruselas, y despues que has pasado todo, se van á comer y á a bever y para todo en emborracharse, que sin esto no hay fiesta en este pais. Cierto que viven como bestias en esta parte.][21]

费迪南德这封简短的信件写于1639年8月,即在鲁本斯去世的前九个月,目的是为了让国王安心,保证向艺术家订制的那些画作的完成进度,虽然艺术家已经因为痛风而有行动障碍。鲁本斯作为西班牙国王的御用画家,与贵族并列,当然不会被认为和像野兽般的佛兰德人有什么关联。尽管如此,在绘制《露天集市》时,他用那种狂野的行为把自己与所描绘的对象和绘画方式联系在了一起。他不仅仅用绘画为佛兰德人请愿,更试图用佛兰德的语境来绘画。

这对他来说可能会是个问题吗?为什么会是个问题呢?归根到底,他难道不是一位佛兰德画家吗?画家们不正是会把他们对祖国的感情表现在他们的艺术中吗?

当我们把鲁本斯归诸为佛兰德画家的时候,这种分类具有宽松而广泛的含义。这种分类在艺术史手册中由来已久。尽管佛兰德只是一个省份的名字,而安特卫普和布鲁塞尔在布拉班特省,在鲁本斯之前的时代,佛拉芒[fiamminghi]一直被用来作为那个地理区域画家的分类名目。意大利史学家和批评家瓦萨里[Vasari]在他16世纪60年代的《名人传》[Lives of the Painters]中就使用了该术语,然而范曼德[Van Mander]——北方艺术的历史编纂者——在1604年哈勒姆[Haarlem]出版的书中则使用了尼德兰[Nederlandtsche]和荷兰[Hoogduytsche]来描述这些画家。在开始由尼古拉斯·佩夫斯纳[Nikolaus Pevsner]编辑的"鹈鹕艺术史"丛书[Pelican History of Art]中,鲁本斯被放在了比利时[Belgian]艺术的那一卷中,尽管编者在前言中承认这个地理术语是在1830年以后才出现的。在鲁本斯生活的时代,拉丁文 Belgica(也就是比利时这一词的来源)一直被用来指代整个尼德兰地区,从南部到北部,包括时常叛乱的、现在通常被称为荷兰[Holland]的那些北方省份。

通过国家来命名通常表明一个事实,即艺术作品是由一位出生在特定地区的艺术家创作的(虽然那些由流动居住的艺术家创作的作品——比如安托万·华托和威廉·德库宁[Willem de Kooning]这两位——和艺术家生活与工作的地方关联性更大)。除非是特别强调(比如在某些20世纪的法国或俄罗斯艺术家的研究中),否则这种命名方式并不表示要试图建立一种国家艺术。当这些作品被如此提及时——比如"佛兰德绘画",或者老生常谈的"鲁本斯是一位佛兰德艺术家"——有一种含蓄的意味,表示它们具有一些共性。当我们谈及17世纪荷兰绘画、俄国文学或者伊丽莎白时代戏剧时总带着某种意识。但我们不能由此就说,也不能在具体的技术之外,而得从绘画上或政治上来说这意味着什么:(1)鲁本斯创作了佛兰德绘画;或者(2)他自己也这么认为。

鲁本斯的画风通常会被描述为所谓的国际画风[international style]。(这一术语比"巴洛克"或"理想的"更具优势,因为它暗示了某些艺术与公众趣味之间的关联。)人们也可以这么来说毕加索,另一个来自小地方而享誉国际的人——虽然毕加索与鲁本斯不同,他来自偏远地方,却在远离故乡的国际中心把自身发扬光大。他的西班牙特质总是让人吃惊——比如,他用西班牙的口音说法语。(当然在当时这并不令人惊奇。布拉克[Braque]的话经常被引用:"我们后来明白了,毕加索是西班牙人,我是法国人;我们对这句话所暗示的差异有着充分的认识。")毕加索对西班牙前辈们的喜爱,或是他对西班牙图示的使用,都证明了一种对狭隘定义的国家身份的兴趣;但这样想也完全正确:他的画作处于欧洲艺术的中心,也帮助建立了那个中心。并不是所有艺术家,甚至那些被认为是艺术大师的艺术家,都这样。以鲁本斯的家乡为例,彼得·勃鲁盖尔的风格就不能被描述为国际化的。艺术的延伸或感染力不仰赖于超越国家性。勃鲁盖尔使用了他本土的民族特性作为源泉。他可以,事实也就是那样创作的。但也许今天,在对本土知识和声音的尊重中,需要辩护的是那些非本土的宣言:像鲁本斯这样的艺术与普遍人性相关联,而不是一种驾驭他者的权力表现。[22]

在鲁本斯的案例中,他的国际化风格也许要部分归功于他出身的混合和复杂特性,以及他对待它的方式。他并非出生于安特卫普,而是在德意志境内威斯特伐利亚的锡根［Siegen, Westphalia］，他的父亲是一位曾被两次流放的律师：第一次是从安特卫普被流放到了科隆，因为他对加尔文宗［Calvinist］的同情；其后又从科隆被流放到了锡根，因为他和雇主萨克森的安娜［Anna of Saxony］，奥兰治亲王威廉［Prince William of Orange］的妻子——有婚外情。在这场婚外情中，他们有了一个女儿，名叫克莉丝汀·冯·迪茨［Christine von Diez］，她幸存了下来，一直到1638年去世。由于她，扬·鲁本斯［Jan Rubens］之后生的儿子彼得·保罗可以勉强算是奥兰治亲王们的半个兄弟。虽然就我们所知，他对此从不提及，几乎无疑的是，鲁本斯小时候就对此很清楚。在他父亲和拿骚［Nassau］伯爵约翰（威廉的兄弟）的信件往来中表明了鲁本斯家的经济困难，是关于在萨克森的安娜去世之后由谁来抚养克莉丝汀的问题。那是1582年，鲁本斯当时5岁。尽管是由于其加尔文宗的信仰而被流放，扬·鲁本斯还是不能回到由加尔文宗控制的安特卫普，原因有二：一、他曾因通奸被信加尔文宗的奥兰治的威廉关入大牢；二、之后他就皈依了天主教。只有当鲁本斯的父亲去世后，他的母亲，同样是一位天主教皈依者，才得以回到安特卫普，从1585年开始安特卫普又回到了西班牙和天主教的控制之下，从12岁起鲁本斯就在那里长大。[23]

彼得·保罗·鲁本斯作为画家并非是一个明显的早慧者。他要到25岁左右才发展出自己的绘画方式，那时他已在意大利生活了近10年。他的方式才固定下来。北方画家在风景画、肖像画或者雕刻版画上提供了独特的技法，这类画家在意大利很受欢迎。鲁本斯为热内亚［Genoese］的贵族们绘制了一系列非凡卓越的肖像画，这些画成为他未来的助手——伟大的肖像画家安东尼·凡·代克［Anthony van Dyck］的主要范本。不过鲁本斯几乎是北方画家中唯一一位——尽管他不是一位壁画画家——可以在重要的委托中与意大利本土的领军艺术家相竞争的画家，并且与他们相比，拥有一个成功的职业前景。

鲁本斯的临摹作品和收藏足以表明鲁本斯对非意大利艺术的认知，并且在他的作品中从北方学到的技法影响也有迹可循。他对于在木板上（北方）而不是在布面上（南方）作画的持久偏好，以及他统合从威尼斯艺术家那里学得的色彩基调概念和北方的光亮画面的透明性倾向这一不可思议的能力，使得他的艺术成为了真正的国际化或者欧洲的艺术。它是一种基于普遍的意大利式的高雅艺术风格的国际化或泛欧洲化的版本。当他回到安特卫普的时候，他带回了这种典型的风格，通过庞大的工作室制品，以及对他自己宏伟官邸的设计，他希望把这种风格在地方上确立。这是一种国际化的风格，因为它可传播，可以被任何地方和群体所接受：欧洲宫廷（鲁本斯曾为曼图亚公爵［Mantua］、玛丽·美第奇、菲利普四世、查尔斯一世、德意志的贵族们，以及奥兰治亲王作画）、天主教会，还有安特卫普的商人们。[24]

他的风格也可以被称为外交的：就像外交官——他自己在17世纪20年代就成为了一位——的语言一样，鲁本斯的风格可以服务于各个国家和君主，并且在他们之间进行交涉。这和委拉斯克斯不同，1628年鲁本斯作为朝臣在一次外交任务中与之见面。（这种不同体现在绘画上：一个是在工作室助手帮助下执行的一系列展示统治者和国家美德的设计创新，一个是由艺术家亲自执行的潇洒的画作，就好像在国王眼前完成的一样。作为外交官的艺术家创造了美第奇系列，而作为朝臣的艺术家则绘制了《宫娥》［Las Meninas］。）鲁本斯的风格与国家性没有关联，或者没有国家性的分别，在绘画语言上保持中立。这是一种被一个没有单一的或者一种强势语言身份的人所使用的风格。鲁本斯通常用意大利语写信（意大利语在当时已经取代了鲁本斯也通晓的拉丁语，成为了16世纪下半叶欧洲通用的语言），有时用法语，在布鲁塞尔宫廷偶尔用西班牙语，而在和他的人文主义朋友反复道歉时才会用佛兰德语，并且经常会混杂一些拉丁语。他在画稿上会用佛兰德语做快速和非正式的笔记，就像为《露天集市》所做的大尺幅草稿，还有非常确定的是他在自己家里（在他去世前不久给他最喜欢的学生/助手的令人感到意外的非正式信件中）也是那样，但是他一贯地用意大利语的形式——"Pietro Paulo Rubens"来签名。他的身份,在个人和绘画方面,都和一个比他出生地更广阔的文化相联系。在拉丁基督教世界分裂的背景下,在绘画中保持这样的广阔联系也许要比在多种地方化的新印刷文字里更容易。[25]

鲁本斯因其致力于维持尼德兰的统一与和平而得到普遍赞誉。虽然这确有其事,但是这对他又意味着什么呢?他带着一个哈布斯堡王朝欧洲的意识追求着艺术和外交事业——如果我们考虑菲利普四世在1624年给鲁本斯贵族许可诏书上列举的几乎没有止境的封地的话,这确实是一个哈布斯堡的世界:

> 菲利普,托上帝洪福,卡蒂利亚、阿拉贡、两西西里、耶路撒冷、葡萄牙、纳瓦拉、格兰纳达、托莱多、巴伦西亚、加利西亚、科西嘉、摩尔西亚、哈恩、阿尔加维、阿尔赫西拉斯、直布罗陀、东与西印度群岛的国王、奥地利大公、勃艮第公爵、洛林、布拉班特、林堡、佛兰德、阿尔萨斯、勃艮第、蒂罗尔、帕兰和海诺、荷兰、泽兰、那慕尔和聚特芬的公爵、泽维夫亲王、神圣罗马帝国的侯爵、弗里滋、萨林、马林、乌得勒支城镇乡、上艾瑟尔、格罗宁格的藩主、亚洲和非洲的霸主……[26]

在他1634至1635年设计装饰来迎接"忠于王室"的省份的新统治者、国王的弟弟费迪南德进入安特卫普的时候,鲁本斯愿意向西班牙人正面展示在西班牙治下的安特卫普的悲惨状态。不过,他在这次事件中大多数的绘画创作都赞美了这位新就任的统治者的家族血统。他致力于南北的和平,也就是鲁本斯所构想的尼德兰的统一——体现在最初欢迎舞台的图画中心一个欢迎这位王公的比利时女性形象——是在作为旧勃艮第王朝统治的继任者哈布斯堡家族治下的尼德兰。在他从意大利回来不久之后,勃艮第的历史服装就被汇集在一本素描画册中,这为他在1635年为菲利普凯旋门［the Arch of Philip］和（哈布斯堡）皇帝门廊［the Portico of Emperors］创作统治者画像时提供了帮助。对他来说，与生俱来的继承者是哈布斯堡。甚至有暗示说他曾在他家的展厅里挂了很多他绘制的哈布斯堡家族的肖像。并且，他对之前的统治代表伊莎贝拉女大公的忠诚还保持了封建契约的某些前现代特点。27

荷兰共和国境内的人们也认为17个省，无论南北，是一个整体。当1630年左右，奥兰治亲王的秘书、学者康斯坦丁·惠更斯［Constantijn Huygens］在海牙写自传笔记的时候，把鲁本斯赞誉为他那个时代的阿佩里斯［Apelles］，他在表达崇拜之情时有我们（在他的拉丁语中，比利时包括了我们今天所说的荷兰和佛兰德的画家）和他们（充满妒意的意大利和英国的收藏家）这样的国家区分。但是他对比利时的设想和鲁本斯的哈布斯堡式设想并不一样。在寻找反抗西班牙的先例时，北方的历史学家普遍会追溯到古代巴达维亚人［Bataviaus］，在罗马历史学家塔西佗［Tacitus］的记述中，他们曾在克劳狄乌斯·西维利斯［Claudius Civilis］的领导下集体反抗罗马。一系列为阿姆斯特丹市政厅定制的和庆祝西维利斯叛变的画作（包括伦勃朗的一幅），与鲁本斯为欢迎费尔迪南所设计的12座哈布斯堡皇帝镀金像一起，表明了国家历史形态和意识的多样性。但是我们在叙述其复杂历史时不能忘，联合省的居民们——荷兰人［Ollandesi］，就像鲁本斯在他的意大利语信件中所指代的那样——在反抗西班牙君主的同时，就如今天他们所做的那样，保留了一位来自奥兰治家族的亲王。并不令人吃惊的是，鲁本斯代表伊莎贝拉女大公反复地去北方从事秘密的外交活动，其交涉对象正是这位远亲（最有可能是使用法语）。28

1630年3月5日，就在返回安特卫普之前，在他所要求的与伦敦的荷兰大使阿尔伯特·约阿希米［Albert Joachimi］的特别会面时，鲁本斯对于尼德兰的见解受到了挑战。作为西班牙王室的代表，鲁本斯才刚刚成功地达成了西班牙和英国之间的停战，他希望就此能够把尼德兰引向和平。（约阿希米后来谈到了他与英王和国务大臣多尔切斯特勋爵［Lord Dorchester］的会面，关于此事的信件我会在下引用。）当鲁本斯告诉大使如果联合省（荷兰）愿意的话就可以取得和平时，在他的报告中说，"在长期战争后可以给所有的17个省带来平静和休息"，而约阿希米则回答道，"可预计的是，有且只有一种方法，就是自此追捕西班牙人"。据报道鲁本斯对此做出的回应是，这样的一种和平（换个词来说，一种驱逐西班牙人而得来的和平，正如鲁本斯所认为的那样，是1576年的根特和平协定［Pacification of Ghent］的基础）"比战争更糟糕"。换句话说，鲁本斯将与西班牙统治者关系的考量置于荷兰共和国的统一之前。（很明显，虽然天主教信仰在他的生活和艺术中起到了一定的作用，但鲁本斯从来没有在战争与和平的事宜中考虑这一关联。）在他保存下来的大量外交信件中，这是少数几次情况之一，一直致力于和平的鲁本斯，会转而争论战争的必要性。²⁹

不过这件代表着鲁本斯忠诚的事情所带来的利益不止于此。在会晤后不久，约阿希米就这件事（用荷兰语）写了报告给荷兰国会，而没有写给鲁本斯视为好友的奥兰治亲王。鲁本斯并没有得到他所设想的和平，不过他却赢得了另一位王家雇主：他得到的最后的订单之一，被识别为一个与女性相拥的牧羊人，当他1640年去世时，这一作品被留在了工作室，这幅画是由弗里德里克·亨利亲王［Prince Frederick Henry］通过他的秘书康斯坦丁·惠更斯于1639年下的订单。惠更斯写给鲁本斯的信里提出让艺术家自行选择绘画的内容，这封信是用法语写的。³⁰

鲁本斯的政治立场突出，不但有别于荷兰共和国的代表们，而且也不同于那些南方的贵族们，后者在1632年随着北方在战场上的胜利，曾谋求说服女大公召集布鲁塞尔的国会与共和国争取和平。有这样一个建议，所有说法语的省份（瓦隆［Walloon］）可能加入法国，而说荷兰语的省份（布拉班特和佛兰德）会留在一个统一的尼德兰国家。这份建议书涉及了一项主张，在当时是前所未有的，那就是语言和国家之间的决定关系。这就不仅威胁了哈布斯堡和天主教会的统治，而且还威胁了一种文化认知。³¹

鲁本斯对一种即便不再是拉丁语至少也是包含语言的国际化或超国界的文化的认同感，构成了他绘画方式的核心。还有人提出另一种解释：在之前的一个世纪，在鲁本斯的家乡故地，彼得·勃鲁盖尔的绘画风格（由一种特殊的德意志和尼德兰印刷文化锤炼而来）和对象（农民）就与国际化的方式分道扬镳了，他尼德兰的同时代者，从让·格萨尔到安东尼斯·摩尔［Antonis Mor］再到弗兰斯·弗洛里［Frans Floris］（图3、图15）创造出了这种风格，并且取得了不同程度的成功。有时，像格萨尔和昆汀·马赛斯［Quentin Massys］那样的画家也在对象和方式上实验了回顾凡·艾克式的模式（图14）。但是勃鲁盖尔的本土农民绘画具有对抗性。它们对对象与风格的结合超越了凡·艾克的复兴中本土性和异国性的区分。勃鲁盖尔赋予了他所画的农民一种新的人物权威。国王们，当他们出现的时候——猎人宁录在《巴比伦塔》［Tower of Babel］（维也纳），又或是扫罗在《扫罗自杀》［Suicide of Saul］（维也纳）——被削弱了。具有代表性的形象（以及农民们被反复用以代表什么是佛兰德）取代了英勇的表演者。[32]

这是时势使然。勃鲁盖尔绘画时尼德兰正愤怒地反抗着他们眼中来自西班牙的虐待，并且对宗教改革的要求进一步助长了怒火的爆发。没有特别政治目的的民俗学，一种早期民族国家感的表现，得到极速发展。方言文学——印刷语言的出现通常对民族性意识至关重要——此时由于许多相同原因，也得到了蓬勃发展。勃鲁盖尔到意大利进行了艺术家必不可少的修行。不过，当他回去后画农民的时候，可以说，他选择了用佛兰德语言来绘画。一个有本土绘画语言意识的文化提供了一些既有别于外国的元素又与之对抗的混合体——这些外国元素包括全副武装并且以讨要税收的面貌呈现的西班牙，以及意大利的绘画风格。矛盾的是，哈布斯堡却收藏了勃鲁盖尔（他大多数的画作都可以在维也纳看到），他的画在很多方面都表明对该家族统治的反对。但是在这一点上，他远非唯一一个这样做的艺术家。

在那些17世纪跟随勃鲁盖尔的人手中——他的儿子们，还有南部的滕尼尔斯以及北部的奥斯塔德［Ostade］——本土的农民自成一类画种。它将农民作为一种娱乐，确认了他们在绘画中的等级（相对于高等而言的一种低等画种）以及他们的政治地位（相对于高贵而言的底层人民）。（这样看的话，即便是彼得·勃鲁盖尔的画作也可以被认为是向他的哈布斯堡收藏者的统治提供一种再保障。）在南方的省份，被画的农民在提供娱乐之余还带有一丝对过去美好时光的怀旧，即在贝尔吉卡［Belgica］面临分裂危险之前。鲁本斯也有这样的怀旧——这与他对哈布斯堡式的和平的渴望相呼应。这也是他决定绘制一幅勃鲁盖尔式的农民的《露天集市》的原因之一。

在鲁本斯时代的联合省（荷兰共和国）内，方言文学和一直延续着的人文主义的拉丁文化都在莱顿［Leiden］大学有着蓬勃的发展。布拉班特和佛兰德的方言是北方省份的荷兰文学语言的基础。但是在安特卫普，作为文学语言的佛兰德语却在1585年西班牙重夺安特卫普后遭到了遗弃。（如果鲁本斯的母亲把他带到一个，用我们现在的话来讲，成功领导荷兰反抗的城市，那么他的画又会是什么样子呢？）带有拉丁和天主教色彩的旧人文主义文化——这一文化把学者于斯特斯·利普修斯［Justus Lipsius］从莱顿引诱了回去，并且支持着鲁本斯的知识分子圈——得到了繁荣发展，而佛兰德语却退化为普通人使用的口语和闹剧［kluchten］用语。语言在某种意义上是个问题。当鲁本斯的朋友，杰出的古文物学家斯威尔提乌斯［Sweertius］为佛兰德语的普遍失宠哀悼时，这一语言却遭受到了许多要恢复早期思维方式的人文主义者的唾弃，他们认为佛兰德语是一种只适合在"厨房和酒馆"中使用的语言。这使得这一现象看来很正常：第一部奥吉耶［Ogier］的戏剧（作于1635年），17世纪唯一一部用佛兰德语写作的剧本，是一部抨击暴饮暴食的作品。[33]

有很好的理由——这一点我现在书写的时候更加确定——来担心民族主义可能呈现的形态以及以此为名而产生的政策。一些对此现象的经典现代研究是持反对、担忧和一些防御的态度。它们的力量是结构性的。回述分析民族主义形成的各阶段以及导致民族主义形成的一些突发事件和故事，它们据理否认了民族/国家的历史必要性和政治可取性。这源自对民族主义是民族/国家前提的考量。可是从民族到国家的关系是近代才有的。Natio一字以及它在罗曼语族中的各种衍生词是指独立的群体（比如工会或学生组织），也可以代指一个同源同宗群体的地域。身份认同并不像民族国家或那些据此争取身份认同的群体所经常说的那样单一，而是普遍多重的。一个人是由多重重叠甚至有时冲突的部分组成。归属感可以延伸到出生的、生活的以及工作的社区，说话和书写所用的语言，居住的王国，以及共享的文化。作为一个想象或构建出来的东西，它被注入画作中。对于一位画家来说，以之为据形成身份认同的条件有哪些，民族性又是如何被注入绘画中的呢？[34]

鲁本斯并不缺乏地域感。这体现在他对恢复安特卫普经济的请愿上——绘画上的和语言上的——还有在那些赞美他故土布拉班特不同面貌的风景画中，以及在他最后五年新买的斯滕城堡中。这些都分别呈现了作为城市资产阶级商人和新晋乡村贵族的鲁本斯的兴趣。他早期的风景画，有一些继承了勃鲁盖尔的季节画中的农民生活，而他晚期的那些则使用了较为具体的田园牧歌的模式；这些风景画都在描绘场景和地域的同时避开了政治与民族因素。这是风景画作为一个画种可以做的事情。不过他仍然拥护着比佛兰德、布拉班特，甚至是贝尔吉卡更为广阔的区域：我们也许可以这样叙述，这个区域就是我们现在所说的欧洲，对于鲁本斯而言哈布斯堡的统治松散地代表了这一区域。[35]

现在和那时一样，有一个很现实的问题，对这些区域的拥戴是否可以，或又如何得以合理地相适应？（现在想想联邦德国的人们，他们希望成为欧洲人而不是退回到德意志人，然而他们却住在一个没有归化入籍章程的民族国家；另一方面法国人允许归化入籍，容许内部地区差异，为身为法国人而欣庆。) 在他的职业生涯中，就如同在他的绘画中一样，鲁本斯有时候会致力于以不同的组合方式承认自己的地域归属，把自己从地域归属中解脱出来，改变或者扩展自己的地域归属。

他的《露天集市》，也许可以认为是这样一幅画，在画中一位意大利／拉丁语使用者试图用佛兰德语来说话。鲁本斯继承了那种带有特殊力量和热望的本土语言。特定的图案，当靠近观察时——那个呕吐的男人由女人们搀扶着，咧着嘴，摸索着臂膀和手——展示了一种在勃鲁盖尔作品中没有的粗鄙和狂野，不过他确实曾在德意志版画传统中见识过这一风格的变形。从不同的绘画形式，这种粗鄙带回了一些源于彼得·勃鲁盖尔绘画的力量。

从他收集的17幅由阿德里安·布劳沃绘制（图34）的画作中，我们知道鲁本斯对描绘农民的兴趣，或至少是对普通酒醉和暴力的兴趣。（此外，鲁本斯还拥有两幅布劳沃的风景画，光影夺目，让人流连忘返。）这些小尺幅的画作让人困惑，因为他们在画面中微妙地表现和安排了他们所欣赏的暴力行为。他们在政治上和美学上的力量之间的关系难以评估。他们是卓越绘制的画作，抨击着怀旧风（以及图绘的散漫）那种新式农民绘画的特征。在1631年的某一时段，鲁本斯购买了一幅《农民舞蹈》，根据布劳沃所述，这是布劳沃绘制的唯一一幅这类题材的画作。我们对布劳沃的诱人的生活细节仅略知一二，据说展示了上层生活和底层题材的爆炸性组合，这样的情况在卡拉瓦乔的案例中得到了保存。但是他的生活明显地在另一种意义上带有政治倾向。他约出生于1605年的佛兰德，就像在他之前的南方人那样去了北方，并且有记录表明1626至1627年他在阿姆斯特丹和哈勒姆。和大多数其他人不同的是，布劳沃是一位流放者，也许用今天的话来说是一个侨居工作者［*Gastarbeiter*］，最后回到了故乡。这并不容易：1631年，他在安特卫普的画家公会，而1633年，他在安特卫普的城堡里，那里显然关押着政治犯。（可假定是反西班牙人的？）[36]

第一章　佛兰德语境中的绘画：农民的《露天集市》　　51

图34　阿德里安·布劳沃，《两农民争斗》，木板油画，35×26cm，慕尼黑老绘画陈列馆

　　鲁本斯对彼得·勃鲁盖尔的画作（他拥有很多他的画作，并且复制过一幅素描）和他儿子的作品都非常熟悉。特别是他的儿子，画家扬·勃鲁盖尔［Jan Bruegel］，曾是鲁本斯的同事和朋友，鲁本斯有时会根据他的绘画布局提供人物形象，而且他意大利语的通信也由鲁本斯代笔。虽然有一定数量的勃鲁盖尔式的画作可供选择，鲁本斯却选了布劳沃的《农民舞蹈》作为用佛兰德语绘画的范式。尽管鲁本斯没有像早期文献所描述的那

样真的帮助布劳沃摆脱牢狱之苦，但却尝试过继承他的绘画目标。[37]

绘画三：重提这幅画，最后一瞥

概而言之：我们开始观察《露天集市》时，把它表述成了一幅农民画或粗鄙的酒神节画作。这一视角暗示着鲁本斯通过转化农民的粗鄙来创作。把现实的生活变成理想化的艺术，这是典型的鲁本斯策略。对当时情境的漫谈——鲁本斯对佛兰德的情形感到的忧虑，以及他把这一情况与已有的对人类状态的理解关联在一起的尝试——为这一观点增添了历史感。此后，再次回到这幅画，可以发现很多怪异的地方。有这样的一种意见，鲁本斯在用这种佛兰德模式绘画时遇到了困难。关于鲁本斯在情感上和绘画模式上缺乏佛兰德特性的情境漫谈也为此添加了历史感。假设鲁本斯的国际化／外交风格使得他在进入佛兰德式绘画时遇到困难，我们现在可以回到这幅画作再次审视其绘画结果。

让我们试想一下，有了布劳沃的《农民舞蹈》（图33），鲁本斯开始构想一幅绘画的创作——酒馆在一边，伸出的树在中部，各种物品散在前方，与两座小教堂一起形成的一条清晰的延伸效果。这大致就是布劳沃的设计。不过他实际上一开始是用炭笔和钢笔来工作的。鲁本斯在一张正反两面的大尺幅素描（长宽都超过了半米）中梳理出了农民的各种举止（图28、图29）。人物的类别和动作被分离了出来。在一边，农民们被聚在对角线上桌子的周围，或坐，或睡，或醉，或不省人事；在另一张上，一对舞者不停地旋转。或在高处，或在低处——构造了一幅农民酒醉画。但是这远不止是根据人物类别区分的问题——这些是不同的素描。他们继承了布劳沃，并且尝试了两次。农民们被做了附加处理，在俯瞰视角下随着大小桌在对角线上被标示出来。布劳沃的散乱踪影到处都是——左下角的车轮，部分木桶，也许，在车轮上面。（鲁本斯亲手用佛兰德语写成的难以琢磨的题词，翻译为"少了乞丐……还有男男女女和小孩们"。在上方还有一些关于色彩的注释。）我们也许可以认为鲁本斯在下方舞者们的地方停了下来，然后把纸翻了过来，再反转了90度垂直，接着在纸上挥洒出同一对舞者的十六七种不同姿态，这对舞者来回旋转，持续热吻。[38]

在布劳沃的酒馆前，一对孤立的情侣站着并笨拙地拥抱着。在绘制他的情侣时，鲁本斯使之飞舞活跃。在鲁本斯常用的创新式实践下，他在钢笔和墨水轮廓线覆盖之下对在桌边农民的轮廓用炭笔做了模糊而概略的呈现，不过在画舞者的时候，这些创新性的步骤被并在了一起。用线绘制的四肢的复杂程度，还有情侣的专心程度，都使得他们肢体中的农民特性几乎全部被抛除了。炭笔的动态被钢笔占据，反复贯穿画面三次，仿佛那本身就是舞者的反复演绎。有人也许可以这样描述，或许这过分聪明了：舞者的形体被卷入舞蹈之中。这样的神韵当部分归功于鲁本斯在古代雕塑中对形体的发现。

在发挥"露天集市"这一题材的时候，鲁本斯致力于绘制比他以往人物尺寸要小的群体形象。不过把人物形象尺幅画成二分之一，和那些在素描稿中的一样，有一个功效：鲁本斯发现他可以直接把草稿上的人物形象誊录到画作上。草稿上的人物高度在13至16厘米之间，而在《露天集市》中的则平均为25厘米。（当他创作维也纳的《膜拜维纳斯》[图30]时，他又重复使用了舞者形象，尺幅恢复到了他平时惯用的大小：约70厘米高，是草稿上人物的4至5倍。）也许正是这种可能促成了鲁本斯在构图时保持人物的小尺寸。（也有可能是在注意到在大尺幅的《露天集市》画的袖珍人物形象的效果后，他在画幅是《露天集市》两倍的马德里的《农民舞蹈》[图35]上试验绘制了和《露天集市》里舞者形象类似、尺幅相同的人物。）

对舞者和饮者绝妙清晰的表达缘于一种让鲁本斯得以用油画颜料试验素描稿的绘画氛围。当然，在油画稿上画小尺幅的人物，鲁本斯已习以为常。但是他的草稿还承载着构思一幅画作、自我记录，或最为常见的是给工作室做指导等职能，而其尺寸与意图都和《露天集市》这样的画作不

图35 《农民舞蹈》，木板油画，73×106cm，马德里普拉多博物馆

同。并且它们不会显露类似或继承他的铅笔和水墨草稿（图29）的那种清晰表达。虽然《露天集市》被描述为"像"一幅草稿，但是它的起源、创作和功能都不同于草稿。[39]

  我们注意到鲁本斯在把他绘制的人物融入源于布劳沃的那种空间营造时遇到了不少困难。也许这样说并不妥当。也许他压根没有这个意图。如果站在卢浮宫中离画面一个手臂远的距离，会发现这种构图是次要的，超出了一个人的视野。虽然在这个位置只能看到画中人物的整体呈现，但在表达清晰的程度上要远远大于按最初设想在展厅数米之遥观看到的大尺幅的美第奇系列画作中的人物。（华托画的那对舞者炭笔素描再现了《露天集市》的特写视角［图13］。大约20厘米高，他画的人物大概和鲁本斯的大小一致。）也许鲁本斯把草稿转成油画时先画了人物，然后才画了前景处的流水和农作静物，中景处的酒馆和远山。

第一章　佛兰德语境中的绘画：农民的《露天集市》

我们也许可以借用罗歇·德·皮尔的术语来描述我们所看到的绘画活动，他是前文提及的鲁本斯在法国的推崇者和传播者，我们在第二章还会讨论他。德·皮尔提出了"自由"［liberté］这一词汇来描述他在素描中所发现的特殊之处。"自由"既不指他称为"场景"［Sience］的良好构图或者设计，也不是他称为"精神"［Esprit］的生动表现，而是指已经习于即兴而大胆地表达画家脑海中想法的手法习惯：

> 自由，并非其他，而是一种手法习惯，用来承载表达画家心中即兴而大胆的思想。
>
> ［La Liberté, n'est autre chose qu'une habitude que la main a contractée pour éxprimer promtement & hardiment l'Idée que le Peintre a dans l'esprit.］

这涉及举止，一种安逸，不受肉体约束。从另一个角度来考虑，德·皮尔区分了为完成画作而摒除自我的画家，和把自我放飞于画作中、自在表达的画家：

> 那种为了完成画作而试着跳出画面，也就是说，逃离自我的画家……但是绘制画稿需要让天才自由发挥，如其所视。
>
> ［Le Peintre qui veut finir un Tableau, tâche de sortir, pour ainsi dire, de luy-même...mais un faisant un Dessein, il s'abandonne à son Genie, & se fait voir tel qu'il est.］

由是，"自由"，指的是绘图者在与思想形成互动的手法习惯中产生的与其作品的关系。它是指画作上显现的人的才能。[40]

鲁本斯在创作《露天集市》时的发现是在预料之外的。一种记录佛兰德的一些现状和他对佛兰德的忠诚的欲望，使得鲁本斯采用了农民节庆这一题材。在采用这一题材的绘画形式（来自他手上的一幅布劳沃画的农民节庆图）时所呈现出来的困难，在某种程度上因他在创作该画时所得到的出乎意料的机会而得以平衡。

尽管他声称希望远离宫廷，鲁本斯对艺术的自信也被国王们分享并与他们息息相关。虽然他反复批评国王们的滥权，但是可以这么说，他的艺术却在追寻强权的支持。不过他的艺术也证明了他塑造媒介所用的技法和活力，表现了他在进行绘画工作时的专注，这些工作在这类情况下，不同寻常地被显露了出来。在《露天集市》中，他描绘了人类肆意忘我地饮酒跳舞的愉悦。鲁本斯也有一些忘我地钻研绘画的愉悦，他的"自由"，就如同农民们在饮宴时的愉悦一样。如果把这看成是一种表演，鲁本斯的艺术所诉求的既不是永恒也不是权力。他的艺术既不是超越民族的也不是民族的，既不是哈布斯堡的也不是佛兰德的。鲁本斯在绘画实践中建立了他对普通男男女女们——在这个例子中他们是佛兰德人——的同情。与绘制佛兰德乡野的日落不同，这是鲁本斯真正的回归自我。也许，在这自我投入中，像这样的艺术表演就必然逃离了政治。

第二章

制造一种鲁本斯趣味

第一章考量了单独一幅画作,其目的是要重构鲁本斯的意图——是什么导致了《露天集市》的形成。我想知道我能对作品创作与其所在情境之间的关系给出怎样的描述。我并没有试图去重构鲁本斯在开始创作时可能拥有的构思,而是希望重构作品本身的意向。在第一章的开头部分,我一方面介绍了罗斯金把《露天集市》当作粗俗场景的看法,另一方面则介绍了华托的素描对画作的升华。这二者代表了一种局部的和冲突的看法,鲁本斯曾经为了协调这种冲突而煞费苦心。尽管事实上他们都出现在这幅绘画完成之后,在我一开始试图重构创作这幅作品的历史情境时,我还是援引了罗斯金的文章和华托的素描来作为基础。

现在就让我们回到那些材料并换一种行动方针。我想从在画作后出现的罗斯金的文字和华托的素描本身入手,来思考鲁本斯是如何被其观众的趣味所改变,而不是通过这些观点来考量这幅作品的创作。我特别想让读者注意一种模式,在这种模式中罗斯金的趣味——我们会在此得知,这也正是华托的趣味——得以自我呈现。

罗斯金使用了他对鲁本斯农民节庆图的厌恶来彰显他对另一幅由尼古拉·普桑 [Nicolas Pussin] 绘制的节庆画《弗洛拉的胜利》[*Triumph of*

图36 尼古拉·普桑,《弗洛拉的胜利》,布面油画,165×214cm,巴黎卢浮宫

图37 《露天集市》,木板油画,149×261cm,巴黎卢浮宫

Flora〕的喜爱，当时那幅画就挂在卢浮宫内鲁本斯画作的不远处（图36）。让我们再次读一下罗斯金，这次他对鲁本斯的评论写在他对于普桑长得多的评论后面：

> 《弗洛拉的胜利》……在星光璀璨的蓝天下满是树木，而人物一个是愉快的、肆意挥洒纯粹喜悦——最神圣的生物身体和灵魂所发出的济慈式的狂欢——肢体和衣服、思想和感官都骚动不已，一个对生命和色彩的嫣然一笑……与这种纯粹狂欢、真正的古典——不，比真正的古典还要好——的精神相比，鲁本斯的狂欢，一帮农民聚在某个地方，喝酒、跳舞，就像狒狒一般，身体纠缠在一起以至于看不见腰部。男男女女们还肆无忌惮地亲吻，并为几壶啤酒而吵得面红耳赤。在此之前，我从未想过鲁本斯竟然能这样粗俗……既没有令人愉悦的色彩，也没有优美的造型，还不够诙谐幽默；其野蛮程度昭然若揭：如果这是一幅讽刺嗜酒成性的作品，那还情有可原；可是我无法想象一个善良的人会忍受这种恶俗的想象而画出这样一幅作品。在角落里有一头猪拱着红肿的鼻子，还有两只被精心描绘的鸭子占据着最近的水槽。[1]

在和普桑的古典众神以及他们的真正富有古典精神的狂欢对比时，鲁本斯显得比较粗俗。正是通过这样区分两位艺术家的策略，罗斯金才得以表达他对二者特性的归纳和评估。这样通过对比的方式把鲁本斯和普桑的作品配对，并不是罗斯金的发明。这起源于法国，在两位艺术家去世不久后，就在新成立的皇家艺术学院的讲堂上，以及在艺术评论家、业余画家罗歇·德·皮尔的著作中。这种方式历史悠久且富有成效。

让我们与单独的绘画及其创作情境保持一定距离，让我们从非艺术的角度来思考艺术，或者脱离绘画系统来思考由此产生的绘画。洛可可式的鲁本斯主义与普桑式的古典主义之间的互相争雄，一直是大多数18世纪法国艺术史中的关键元素。在不争论1700至1800年间法国绘画的标准历史的情况下，我想提供一个对于原动力不同的解释，即使之运转的绘画原动力。我感兴趣的是影响艺术欣赏和创造的结构性条件。到19世纪前决定法国艺术史中的辩证结构的，与其说是在鲁本斯和普桑风格中留存的价值，或是单独考虑的它们各自趣味的变化，倒不如说是在任何时候都能感觉到的两者之间的差异。也许是脱离艺术的艺术，但绝不是脱离世界的艺术。这是一个意料之中的用性别术语来表达两者间差异的系统。有趣的是，在18世纪，鲁本斯模式从一开始就被认为是女性的。

归纳一下接下来的内容：我们一开始将考虑华托的"节庆"［*fêtes*］，作为德·皮尔眼中鲁本斯绘画的代表，我们将提出德·皮尔绘画趣味构想中的一些可以确信的基本点，然后简短地回到华托，说一些一般性的题外话，并由此在结尾的时候提出一种对法国艺术史的分析，在这种分析中，对鲁本斯的看法是至关重要的。

华托对鲁本斯的思考

在18世纪初的某一时间，华托临摹了《露天集市》中间的那一对舞者（图37、图38）。他选择了那一对形象相对高雅的舞者——相对于左边言行粗鄙的人群，像这样一对舞者显得鹤立鸡群。华托的红炭笔不仅仅把那一对舞者从低俗的情境中分离出来，而且使之变得更加文雅。他不仅仅通过炭笔的笔法，而且还通过对姿态和形象刻画的细微变化达到了这一效果。鲁本斯对舞蹈姿态的强调完全体现在女子的重量上，她被那个年轻男子有力地支撑着；这种姿态被转化成——除了那粗犷的亲吻——一种范式。身体的接触被一种柔和的社交暗示所取代。最终这一形象被转化进华托微妙而又柔和的剧场作品《惊奇》［*La Surprise*］（图39），也许并不令人感到意外。奥德朗［Audran］根据已佚的画作所复制的雕版画的这一标题显示了这一出乎意料的激情的觉醒，这不同于鲁本斯画作中的那种肆无忌惮的表

图38　安托万·华托，《一对跳舞中的情侣》，红炭笔，23.3×14.7cm，巴黎装饰艺术博物馆

图39　克洛德·奥德朗三世，仿华托，《惊奇》，1731年，铜版画，31.5×41.5cm，伦敦大英博物馆

达。华托巩固了这一转化。在长有青草的河岸边相拥的这一对情侣现在更适合具有宫廷气息的吉他，而不是乡村的风笛，并且狗作为更为适合在此场景中出现的动物取代了猪。

　　华托把鲁本斯的主题转化到了自己的艺术模式中。也许，华托相对于其他类型的描绘对象而言，对某些特定的主题更感兴趣：举例来说，鲁本斯所谓的《爱情花园》[Garden of Love]（图40）就被认为是"先行于"——一个描绘历史尴尬性的术语——华托。但是鲁本斯的例子是华托画风中无处不在的元素，这不仅仅是对某一单独作品的兴趣能解释的。对这幅作品的"影响"的关注模糊了这样的一个事实：是某种特定的对鲁本斯总体绘画的（皮尔式的）评价使得《爱情花园》成为典范。的确，华托对鲁本斯的兴趣延伸到了一种大不相同的类别：他甚至可以把美第奇系列转化

图40 《爱情花园》，布面油画，198×283cm，马德里普拉多博物馆

成一个爱情花园（或转化成《交谈》[Conversation]，这一作品题目在鲁本斯去世后不久被用来指代他的那幅绘画）。[2]

华托曾经临摹鲁本斯美第奇系列大型绘画中的一幅，当华托在卢森堡宫与奥德朗一起居住的时候，有特别的机会观摩和学习这些绘画。在这里他应该得以见证鲁本斯作为他那一时代最具影响力的宫廷画家的工作情况：创作放置于公共场所的大型作品，处理信仰、王权、战争与和平问题，通过寓言和神话形象来承载这些意义，并与从古典时代到17世纪的图像和文学传统互动。华托为巴黎市民群体所描绘的小型和私密的交谈，或是节庆——没有知名的描绘对象的作品——和鲁本斯那些相距甚远。不过，华托的素描截取了在马赛登陆的中心人物即王后本人（图41、图42），然后又把她转化成了他的《威尼斯节庆》[Fêtes Vénitiennes]（图43）里的主要女性人物。他把王后面对新国家的迎接时特定的步伐转化成了一位女

图42 安托万·华托,仿鲁本斯的习作,红、黑、白炭笔,19.5×25cm,美国私人收藏

图41 《玛丽·美第奇抵达马赛》(图2)细部

图43 安托万·华托,《威尼斯节庆》,布面油画,55.9×45.7cm,爱丁堡苏格兰国家美术馆

性在求偶之舞中必有的踌躇之姿。[3]

或许,当排除作为王后而拥有的地位和举止之后,这位女性的自我展示问题引起了华托的兴趣。然而我们又该如何解释鲁本斯艺术的关注点从对国家公共事务转移到私密的社交嬉戏?在考虑华托与鲁本斯的关系时,更合适的角度是,不要考虑他是如何受鲁本斯影响的(就好像鲁本斯对华

托做了什么），也不要去想在个别例子中，他怎样利用了鲁本斯，而是应该考虑观看模式的问题。华托（虽然和罗斯金相比并没有什么不同，当然他有着特有的绘画结果）在看鲁本斯的时候，仿佛是从小被灌输要从鲁本斯与普桑的**差异**之处来看待鲁本斯。这样的人先入为主地不会把鲁本斯看作是那个时代一流的宫廷画家，或是一位即便是在绘制农民节庆时也会考虑公共问题的博学的画家——而是会把鲁本斯当作一位罗歇·德·皮尔理解意义上的色彩专家：这样的人会更关注图像如何抓住眼球，而不是图像如何应对理智。

德·皮尔了解鲁本斯，并称赞他是一位博学的人，一位技艺纯熟的寓言画家，一位醉心于古典雕塑的人。不过对于那些被他称为遭遇滑铁卢的法国画家，他力劝他们持续一年每周花上一天时间去卢森堡宫的美第奇画廊，这不是为了那些绘画的品质，而是为了，我们也许可以按他的说法这样描述，鲁本斯绘画的色彩魅力。这就是当我们回到华托时所看到的，罗歇·德·皮尔文中所暗示的华托那些代表作品是对鲁本斯的主题化。

怎么会这样呢？让我们来看看德·皮尔的文章：为什么他会讨论鲁本斯和色彩，并且这对于像华托那样的艺术家又有什么吸引力呢？

罗歇·德·皮尔对绘画的思考

罗歇·德·皮尔（1635—1709）出生于外省贵族家庭，他学过哲学，接受过绘画训练，做过老师，最后成了一位成功的外交官的秘书，而且有时还在艺术专家身份的掩护下，充当法国在德意志和荷兰的间谍；在荷兰他为此于17世纪90年代入狱四年，在那里他写了《简传》[Abregé]，也就是画家生平简介。笼罩着制度化创作和艺术收藏的政治环境改变了他的职业生涯。到了17世纪90年代，在路易十四和科尔贝特[Colbert]统治下的法国政府用皇家绘画学院[Académie Royale de Peinture]取代了画家的圣路加工会[Guild of St. Luke]，这一国家级艺术家组织把艺术家从陈规旧习中解放出来,却又将他们束缚于一个新主人。国家艺术管理所组织部分活动包括公共讲座或关于皇家收藏的艺术品研讨会[conférence],这些活动由科尔贝特创立,以便让"沉默的教授们"[professeurs muets](一种蔑称)开口说话。旅居国外的普桑,一位在罗马画画的法国人,他的作品竟成了学院树立的典范。在一场常常被讨论的源于美学和政治分歧的争论中,一个由德·皮尔的著作定义的反对派阵营却聚集在了鲁本斯艺术的周围。对鲁本斯的兴趣受到了路易十四入侵并战胜荷兰的鼓舞——路易十四于1685年从一位已故的布雷达法国总督的后代那里购得了《露天集市》——也受到了在一次网球比赛中战胜黎塞留公爵的鼓舞。在那次网球赛中,这位国王赢得了黎塞留收藏的普桑精品画作。而后当黎塞留公爵用收藏的鲁本斯精品绘画来取代输掉的普桑的时候,德·皮尔对藏品陈列室做了描述,或用现代的话来说,为此写了一本图录,其中附上了根据画家的侄子菲利普·鲁本斯的回忆而写成的鲁本斯的生平。[4]

德·皮尔的《权衡》[Balance]已是恶名远播:在他出版于1708年的作品《绘画法则》[Cours de peinture par principes]的最后印有一张表,提供了用来评估画家们相对价值的数字系统。现代学者还做了加法统计,因为德·皮尔自己没有这么做:鲁本斯创作18分,设计13分,色彩17分和表现17分,总计65分;普桑,创作15分,设计17分,色彩6分,表现15分,总计53分;伦勃朗,创作15分,设计6分,色彩17分,表现12分,总计50分。虽然这张表格清晰易懂,但是它显然要比德·皮尔关于绘画的一般文章,特别是他对于绘画应该怎样欣赏的微妙解释要无趣得多。这里有两点都对鲁本斯的欣赏产生了影响。首先,为了区分鲁本斯的色彩和普桑的设计,德·皮尔为法国艺术趣味的二元结构提供了基本的元素。其次,德·皮尔以鲁本斯的绘画为例对色彩的辩护和定义为观者的绘画体验提供了一种新的重点,这是以充满情色的措辞实现的。[5]

德·皮尔关于艺术的文章出版时间跨度约40年。这些文章的类型和针对的问题各有不同,随着时间的推移而变化,而且并非是特别系统的。尽管很多问题没有得到解决，不过概要式的视角并不是一无是处。对观者的教育，特别是在法国观赏者中培育一种艺术趣味，是他文章的初始动力。这一目的与这一事实不无关系：尽管德·皮尔对绘画充满兴趣，但他对绘画的历史却兴味索然。瓦萨里在一个多世纪前在佛罗伦萨出版的《名人传》给艺术史的写作树立了典范。但是德·皮尔的《简传》或艺术家生平简介，给这一模式提供了一个古怪的留白版本。正如他在前言中所说的那样，他是为画家，以及那些没有多少时间，或已经见过画作而只是想温故记忆的人，而书写的生平简介。[6]

让传记对这些使用者有用，第一点就是要限制艺术家的数量，只选录那些对绘画创新［renouvellement］有所贡献的，或者那些把既有标准提升到完美状态的，又或是被收藏家收录于珍藏室的艺术家们。虽然引用了瓦萨里式的复兴和现状完美的概念，德·皮尔并没有分享他对这些艺术家的看法：他们在历史长河中前赴后继地试图解决用图像再现世界的问题。虽然需要承认当时的法国绘画并不能轻易地被纳入一个发展的概念中，但比这个更重要的是这一事实：德·皮尔对自己作为绘画的书写者的身份认知并不会把他引入到这种书写形式中。他更看重图画与观者之间的关系，而不是艺术家与艺术家之间的关系。按他的理解，绘画的完美关乎定义，而非成就；关乎培养趣味，而非解决问题。有人也许会说，他将作为观者［viewers］的艺术家与图像的制造者［makers］视为同等重要。他以收藏家/业余爱好者为参照重塑了艺术家的身份。这必然是他受到华托那样的画家所青睐的部分原因所在。

德·皮尔对鲁本斯的拥护还有一个重要的相关因素，那就是，和法国皇家艺术学院的成员还有在他们之前的瓦萨里不同，他似乎没有对本国艺术的沙文主义情结。在《简传》论述"各国趣味"［gout des nations］的总结部分，他评论说法国趣味取向分歧太多以至于无法定义。虽然德·皮尔赞成同时代的艺术评论者、皇家艺术学院的官方史家安德烈·费利比安［André Félibien］的说法，认为普桑是法国最出色的画家，并且意大利最出色的画家都无法与之相比,但他对于把鲁本斯作为典范艺术家挑选出来并不感到有什么不妥之处。德·皮尔希望照这样的例子改善绘画。我们已经提过,他拥护鲁本斯的政治原因是:作为皇家艺术学院的局外人,他对鲁本斯的兴趣因路易十四在北方的胜利以及在网球比赛中战胜黎塞留公爵而增强。但同时需要注意的是,他的所为是高于或远离国家政治的。通过对挂在巴黎市中心而相对鲜为人知的美第奇系列的推崇,他在法国建立起了对一位伟大的国外画家的欣赏,使之与普桑并驾齐驱。[7]

虽然德·皮尔的《简传》是兼顾艺术家和业余爱好者这样的读者群而书写的,但业余爱好者占据了更重要的位置。他用关于完美画家的理念、素描和版画的趣味,还有我们称之为绘画鉴赏的章节,替代了瓦萨里针对艺术家而书写的关于技法和"怎么做"的部分。这些都直指收藏家的乐趣和需求。德·皮尔提供了艺术家生平和作品的梗概及更多的基本特征描述,而没有沿用自瓦萨里的《名人传》以来的那种列举艺术家作品清单的传统。他的趋势是从特定的成就案例转向趣味的一般原则。在这里无法容纳瓦萨里那种细致入微的评论辞藻。当在《交谈》[*Conversations*] 里描绘黎塞留公爵所拥有的鲁本斯画作时,德·皮尔运用了传统的"造型描述"[ekphrastic] 的手法,同时加上了评语来表明鲁本斯创作中的色彩和光影运用的典范之处。

有一种恰如其分的说法:德·皮尔提供了一种对绘画所独有的再现形式的描述。换句话说,他从图像与再现事物之间关系——仿佛图像原本和文字一样——的问题上脱离了出来,而把图像当作图像本身、当作一种视觉艺术来看待。他关于图像创作的观点——或许过于乐观地被称为他的艺术理论——把绘画从文学性设定的支配中解放了出来。[8]

和大部分关于绘画的复杂文章一样,德·皮尔的文章的一个优点在于,他认为对绘画和观赏绘画的思考不可分割。尽管如此,他对绘画的阐述实际上可分为两部分。也许更合适的说法是,他对观者的阐述可以一分为二:一方面是那些被德·皮尔称之为"整体"[*l'oeconomie du Tout-*

ensemble][仅用于大革命之前的政治术语，意思是对整体的有效管理，不以营利为目的，恰如其分地分配资源，对整体中的个体妥善而人道地照顾——译注]（"绘画整体"作为一个对象，来取代传统观念里画面所描绘的"活动整体"）的东西所吸引的眼睛；另一方面是被绘画震惊并被引入交谈的观众。德·皮尔能够而且也确实以图像的方式描述了第一个方面。关于观者的方面则更加难以捉摸，并且需要体验为证。人们可以用这种说法进一步做出区分：德·皮尔用以说明创作式"整体"[tout-ensemble]的葡萄串的光影效果很难让观众进入到交谈中！我们在此将更多地关注他那阐述得稍显晦涩的观者体验，更少地去关注所见的图片本身。

那么，基于德·皮尔的阐述，如何将绘画趣味从色彩观念中剥离出来，而这与观者又有什么关系呢？

早在1673年出版的《论色彩》[On Color]的对话中，德·皮尔已就色彩做了专门的论述，并选用鲁本斯作为他这一观点的最佳典范。这样做就和皇家艺术学院所树立的对普桑及其伟大的先辈拉斐尔的崇拜形成了对照，甚至也可以说构成了挑战。在说明色彩之于绘画就如理性之于人的时候，德·皮尔特意不去寻找绘画与其他艺术的关联——不像瓦萨里在论述"设计"[disegno]的时候把绘画与建筑和雕塑做了关联，或是在强调绘画主体情节时把绘画和文本相联——而是去寻找绘画与其他艺术的差异。[9]在18世纪区分对比各类艺术的著作中——比如杜博神父[Abbé Du Bos]，或是莱辛[Lessing]的《拉奥孔》[Laocoön]——德·皮尔的著作之所以与众不同，是因为对于他来说相对于文学和戏剧的知识，艺术的知识才是基础。

德·皮尔把绘画定义为以欺瞒眼睛为目的，通过在平面上的造型和色彩的手段，对视觉世界的模仿。[10]这是公认的定义。在推崇"设计"的阵营中，没有人会对这样的第一要点提出质疑，而德·皮尔也没有对"设计"的重要性提出挑战。两大阵营的分歧在于方法与目的的关系上。实际上德·皮尔置换了优先次序。在他看来，传统上所被认为的艺术的方法要比传统上所认为的目的更应该作为定义绘画的基本特点。他既强调绘画技法——鲁本斯的笔触在作品中可见，而普桑却不是这样——也认为取悦眼睛要优先于取悦理智。这给出了色彩学传统的一种定义，即首要考虑图像制作的要素和问题。而这也把绘画更智性的部分，即通过描绘对理智来说有意义的物体来处理绘画，交给了另一个阵营，即普桑的支持者。

在关于艺术的著作中，传统上会把色彩的体验与感觉而非与理智相连。这与艺术的拟真能力有特殊关系。正因为如此，色彩有负面的联系；对于感觉的取悦会被批判为过于低贱，这里的低贱有双重含义，即取悦于低俗的自我和取悦于未受教育的大众。对于色彩的认知在这里和在其他情况中一样被模棱两可地引用：大众被指责喜欢漂亮的颜色和诱人的明暗效果。我们必须提醒自己，因为后一种用法并不明确：比如，当17世纪的意大利画家卡拉瓦乔［Caravaggio］因他的色彩［*colore*］被称颂时，并不是因为其漂亮的颜色，而是因为其诱人的明暗对比（图44）。针对德·皮尔这种对待色彩／上色［color/coloring 或 couleur/coloris（延伸的相关词汇）］模糊性质的做法，托马斯·普特法肯［Thomas Puttfarken］已有所论述。我们在此并不会过多地去关注德·皮尔对色彩的定义，而要更多关注由他对色彩的推崇所带来的观赏图像的全新意义。他颠覆了理智高于感觉这样的固有秩序，并且认为对于绘画的恰当反应是通过感觉：它的目的并不是去说服观者的理智或判断，而是通过欺骗眼睛来震撼观众［Puisque la fin de la Peinture, n'est pas tant de convaincre l'esprit que de tromper les yeux］。[11]

他认为正是色彩能够让描绘物可见［"sensibles à la veue"］，所以也同意艺术的模仿功用设定[12]，正因如此他也是当时为数不多的不仅从色彩描述卡拉瓦乔，并且也因为色彩而称赞他的艺术评论者之一。尽管如此，德·皮尔并不特别支持像卡拉瓦乔作品那样的写实主义绘画，因为那些会引导我们去相信这样的事情：在我们眼前所见的只是一个裸体男孩，而不是一位以绘画形式呈现的爱神。德·皮尔并不强调作为视觉幻象［*trompe l'oeil*］的图片——被错认为是描绘对象的图画——而强调图画是对观者积

图44　卡拉瓦乔,《胜利的爱神》,布面油画,156×113cm,柏林画廊美术馆

极主动的揶揄和欺骗。这里有一个重要的区别:他所用的短语是"欺骗眼睛"[tromper les yeux]。他希望明确是绘画本身,而不是乔装成真实事物的绘画——就像卡拉瓦乔的裸体爱神——才是真正引诱我们的东西。

德·皮尔赞赏绘画中的视觉策略("哦,美丽的化妆"[o, le beau fard])对**观者**所产生的效果。[13] 对"美丽的化妆"的坚持可以首先被理解为是一种手段,用来避免否定色彩(或对抗色彩)的"视觉幻象"效果。饶有趣味的是,德·皮尔对色彩的强调并不是因为他对绘画的成品,或甚至是绘画的样貌感兴趣,而是由于他对观者的体验感兴趣。正是为了证实这样的体验,他才在阐述"欺瞒眼睛"这一概念时,把观者描述为被引

诱、惊异和就像被引入到一场交谈中一样被引入画作:

> 真正的绘画（可以这么说）会因能让我们产生震撼的感觉而吸引我们；并且只有通过这种效果的力量，我们才会不由自主地被其吸引，就好像它有什么话对我们说。

还有

> 真正的绘画必须通过它的力量及其伟大的拟真真理来吸引观者，并且被震撼的观者必须走向绘画，就好像进入了绘画所呈现人物的交谈中。
>
> ［La véritable Peinture est donc celle que nous appelle (pour ainsi dire) en nous surprenant: & ce n'est que par la force de l'effect qu'elle produit, que nous ne pouvons nous empêcher d'en approcher comme si elle avoit quelque chose à nous dire.
>
> La véritable Peinture doit appeler son spectateur par la force & par la grande verité de son imitation, & que le spectateur surpris doit aller à elle comme pour entrer en conversation avec les figures qu'elle represente.］ [14]

他在此太过专注于观者的体验，以至于很难设想能够产生这样一种体验的绘画会是什么样子。如何，或者用什么样的画作，德·皮尔才可以阐明由他称之为真正的 [véritable] 绘画所产生的令人满意的惊异体验，即仿佛进入交谈般的入画邀请？

虽然鲁本斯是他拥护的艺术家，但德·皮尔却为《绘画法则》的读者提供了一幅伦勃朗的画来说明他的交谈观点。这一新颖的选择突显了新颖的论点。尽管法国人对于伦勃朗的版画（第一本图录目录由华托的好友及赞助人热尔尚［Gersaint］于1751年出版）很感兴趣，并且很多艺术家都模仿过他，但在当时的艺术著作中伦勃朗的绘画尚无立足之地。不过就如同德·皮尔1677年的《交谈》中庞菲勒［Pamphile］对一位多疑的达蒙［Damon］所说的那样，即使是知名的艺术家也难以保证绘画的质量——所有一切都基于作品被体验的方式。

德·皮尔之所以这么做有他的个人原因：他自己买过一幅描绘有一位仆人往门外看的伦勃朗的（至少据说是他的）画作，这不是因为他对伦勃朗的一般判断，也不是因为这幅肖像有什么他可以指出的特别之处，而是因为据传说这幅画故意设计了对荷兰街道上的行人所产生影响（图45）：

> 比如，有一天伦勃朗画了一幅他仆人的肖像以自娱，并把这幅画像放在窗台上，以欺瞒路人的眼睛。这成功了。很难想象这是因为伦勃朗美丽的设计，或是其高贵的表现而能达到的效果。[15]

德·皮尔通过把伦勃朗描绘仆人的画作对阿姆斯特丹的路人所产生的惊异效果，与拉斐尔所绘的历史场景对罗马游人毫无影响做对比，进一步对趣味的固有观念施加压力。这次，这桩逸事提及了那些满心期待想看拉斐尔作品的理智者［gens d'esprit］，当他们终于走到梵蒂冈签章室［stanze］内的壁画面前时（图46），却几乎置若罔闻。"先生，走这么快，要去哪里？"［Où allez-vous si vite?, Monsieur.］他们之所以与之擦肩而过，是因为拉斐尔无法震撼他们，并把他们引入交谈中。[16]

既然交谈是德·皮尔所提出的绘画与观者关系的主要模式之一，那么他首先把自己对色彩和鲁本斯的看法设定在对话形式中就很合适。瓦萨里告诉我们，虽然他的《名人传》源于在法尔内塞［Farnese］大主教处的夜间交谈，但是他写的这部书却是各种文学形式的巧妙结合——传记、造型描述、修辞学、技术。在《与色彩的对话》［Dialogue sur le coloris］中，德·皮尔以小说的形式来使用对话，并提出交谈是一种在画作前的合理反应——在这个例子中，这幅画作是提香的《酒神狂欢》［Bacchanal］的仿

图45 伦勃朗,《厨房的女佣》,1651年,布面油画,78×63cm,斯德哥尔摩国家博物馆

图46 拉斐尔,《雅典学院》,湿壁画,梵蒂冈签章室

作。业余爱好者之间的亲密交谈是德·皮尔用来替代科尔贝特为国王的画作所设置的公开研讨会［conférence］的选项。事实上，他的小说体的《交谈》正是设定在两名参加研讨会的交谈者离开皇家艺术学院之时。的确，德·皮尔1708年的《绘画法则》大体上使用系统的方法，在他最终被许可进入皇家艺术学院后，由他所发表的研讨会稿汇编合集而成。但是对皮尔思维模式来说，最本质的却是交谈的特殊交换形式——强调观者的体验，而非对绘画的阐释［explication］。对话是对于绘画"引导观者进入交谈"这一论点的合理形式，并且它激发了一种假设，即在被绘画所震撼的状态下产生了交谈，或是由交谈所引发。[17]

法国关于绘画讨论的整个传统始于德·皮尔，延续到狄德罗、波德莱尔［Baudelaire］和巴特［Barthes］。这一传统强调的可能更多是交谈而不是仔细观察。这是与温克尔曼［Winckelmann］给拜访罗马的游客所做讲座的不同之处——绘画的社交形式。艺术史作为一门被制度化的学科更多地要归功于温克尔曼，并且它对法国的那种交谈方式通常持怀疑态度。（这也同样适用于博物馆游客，在他们之中有因国别而出现的区别。在美国上学的孩子们和在德国的画廊访客一样，被期望安静地坐在地上，聆听讲座，并且在之后学会回答布置给他们的关于绘画的问题，然而在法国上学的孩子们——我在蓬皮杜中心［Beaubourg］曾见证如此——会被鼓励在他们中自发展开讨论。）

并不是每个画家都喜欢把交流当作创作绘画的目标。一些法国画家反对这么做。马内［Manet］画作中的那些静态的、难以捉摸的、盯着我们看的人物，至少部分是有意为之来阻止一切对话的。

这就给我们带来了一个更深入的论点，也许是德·皮尔写作中最引人注目的特点，即德·皮尔式的交谈与学院式研讨之间的差异：他的词汇赋予绘画体验无处不在的情色气息。观者被震撼或被俘获，并且被引入交谈中。绘画会欺骗：不仅是"欺骗"［tromper］，而且会"化妆"［se farder］，这一词汇是用来说女子的化妆的。而且，观者的眼睛被引诱：

"我们必须得出结论,越是完美无瑕和忠实地模仿自然,就越能快速和直接地把我们引向其目的,即引诱我们的眼睛。"[Il faut donc conclure, que plus la Peinture imite fortement & fidellement la nature, plus elle nous conduit rapidement & directement vers sa fin, qui est de séduire nos yeux.][18]

德·皮尔于是鼓励一种引诱的趣味。但是这种引诱,并不是用来作为对卡拉瓦乔的《爱情战胜一切》[Amor Vincit Omnia]艺术颠覆式的威胁,而是用来作为对艺术的认可。有时德·皮尔会谈到画家爱上他的作品,并且作为回应得到其作品的爱抚:

你期待什么,我来告诉他,画家对待他的艺术就像爱人对待他的情人一样吗?

是的,庞菲勒回答说,如果他自己希望得到爱抚作为回应。

[Quoy vous voulez, luy dis-je, que le Peintre traite son Art, comme un amant fait sa maîtresse?

Ouy, répondit Pamphile, si luy-mesme à son tour en veut estre caressé.][19]

但总体来说,他并没有说清楚男人和女人的角色应该分配给什么人或物——画家、画作还是观者。所有这些都给把画作当作画家的情妇这种司空见惯的观点带来了新的变调:德·皮尔并不将画家推崇为一件迷人作品的制作者——皮格马利翁[Pygmalion]赋予了伽拉忒亚[Galatea]生命——他在介绍画家、画作以及观者时,把他们同样当作陷于以爱为名的调情式社交中的角色。[20]

德·皮尔达成了一种绘画领域的情欲化,用常用的话来说就是女性化,这种趋势近似于在当时的另一个交谈中心——法国官方沙龙[salons]社交圈里正在发生的情况。人们注意到当时在法国交谈的意识和角色已经发生了变化。在社交中,军事炫耀被弃用,交谈中的唇枪舌剑取代了全副戎装成为社会地位的象征。作为绘画的一种体验,以及一种社交实践,被赋予崇高价值的交谈是一种法国特有的现象。它植根于一种贵族文化。[21]

简短地重回华托

业余爱好者之间情欲化的交谈让我们回到了华托的绘画。华托独特的作品，由于对社交、交谈和爱情氛围的突出强调，可以被表述为德·皮尔著作中所揭示的对鲁本斯艺术的主题化。德·皮尔对绘画的定义，特别是对鲁本斯绘画的定义，在以假乱真、欺骗和引诱观者进入交谈的意义上来说，在构成最具华托作品特色的情欲交流的场景中得到了体现。在他的《热尔尚的商店招牌》[Gersaint's Shopsign]（图50）中，我们可以看出德·皮尔在他交谈式的文章中所推崇的那种可以被表述为趣味的社交实践的绘画表现。华托代表了观赏、交谈的乐趣，以及致力于把艺术的价值识别为一种情欲交流的欢愉。在为热尔尚在圣母桥[Pont Notre-Dame]的商店提供招牌的时候，华托露骨地把围绕艺术的交谈再现成情欲贸易。德·皮尔就是为了这样的市场，才要用他的文章培养鉴赏家的审美趣味。许多在墙上挂着的画作可以让人想起鲁本斯的神话作品。在鲁本斯的美第奇系列之《玛丽·美第奇的加冕》[Coronation of Marie de'Medici]（图48）前景右侧的狗很能切中要害地说明问题。从在国务场合中抓挠转化到在艺术场合中抓挠，这条狗让人注意到了经由华托之手而产生的对鲁本斯的转化。华托，本身为佛兰德血统，让德·皮尔更为成功地把鲁本斯加入到了法国绘画的传统中。

如果阅读17世纪60年代在皇家艺术学院举行的围绕国王收藏的画作而展开的研讨会的记录，就会发现普桑也被树立为典型，这和德·皮尔在文章中把鲁本斯树立成典型如出一辙。关于自己的《天降吗哪》[Fall of Manna]（图51）普桑写道，左边七位人物将告诉你那里所记述["escrit"]的一切。[22] 皇家艺术学院接受了他的提议。皇家艺术学院的讲座对普桑个性的描述有着很深远的影响。当安东尼·布朗特[Anthony Blunt]开始他的关于这位画家的基础专著时,就惊人地评论道,他不会把普桑当成"一位卓绝的画家",而是看成一位哲学家画家,他是17世纪所建立的绘画分歧的继承人。结果,甚至到了今天,也很难用另一种眼光来看待普桑——人们把他看成是一位取悦于理智而不取悦于眼睛的哲学家画家,这是一种看待他而不是看待事物本身的方式。[23]

在华托职业生涯来到18世纪早期时,绘画中的划分已不再是一个讨论的问题了。德·皮尔,曾经的圈外人,已被皇家艺术学院吸收。尽管如此,在鲁本斯和普桑之间所建立的划分在18世纪产生了一种特殊的鲁本斯趣味。华托的兴趣在于对色彩的微妙处理,他狂野的或至少是未做修饰的色彩处理方法,他描绘对象的柔弱或做作,缺少传统历史绘画中可辨识的基于文本的主题——这些都与德·皮尔在绘画领域做划分时对鲁本斯所做的描述有关。

德·皮尔之后的绘画

鲁本斯与普桑画作之间的区别在18世纪的法国产生了有趣的逆转。普桑——一位相对没有文化,为中产阶级雇主绘制小型家用作品,偏向考虑个体问题而不是公众伦理的人——成了公众和有涵养的艺术家的典范。而鲁本斯——一位受过教育精通文字的人,一位为教会和国家创作伟大的公众历史绘画的画家——成了与绘画实践,甚至是图像的技巧有关的典范。

我现在想要追溯的不只是两种风格的形成,而是附加给他们的表现方式的类聚。对于德·皮尔来说这样的表现性并不在讨论范围内。确实,辩护和定义鲁本斯的风格对他来说仅仅[*tout court*]是对绘画的一种定义。但是,当我们考量华托的继承者,比如布歇[Boucher]的作品时,从华托画作中单列出来的鲁本斯风格就有些特别的表现性内涵。我们阅读它的评论者——一众在皇家艺术学院之外生存和出版的业余艺术爱好者、作家和收藏家——便可知道。对于他们而言,布歇和之后被称为洛可可的风

图47 《玛丽·美第奇的加冕》,布面油画,394×727cm,巴黎卢浮宫

图48 《玛丽·美第奇的加冕》
（图47）细部

图49 安托万·华托,《热尔尚的商店招牌》
（图50）细部

图50 安托万·华托,《热尔尚的商店招牌》,布面油画,163×306cm
(原本上部是弯曲的,两边都做了裁剪),柏林夏洛滕堡宫

图51 尼古拉·普桑,《天降吗哪》,
布面油画,148×200cm,
巴黎卢浮宫

图52 尼古拉·普桑,《尤达密达斯之死》,布面油画,110.5×138.8cm,
哥本哈根丹麦国家美术馆

图53　弗朗索瓦·布歇，《朱庇特和卡利斯忒》，1759年，布面油画，56×74cm，堪萨斯城纳尔逊-阿特金斯艺术博物馆，纳尔逊委员会收藏

图54　尤斯塔克·勒苏尔，《圣布鲁诺参加雷蒙·迪奥克里的布道》（图片是参加布道，而不是弥留之际），布面油画，193×130cm，巴黎卢浮宫

格，一般是指充满诱惑的、易于欣赏的、女性化的、漂亮的风格。"漂亮"［Joli］是常用的形容词。并且确实，布歇的画笔在描绘朱庇特［Jupiter］和卡利斯忒［Callisto］——男扮女装来引诱女性——的时候，一律用了女性化的柔和的表现形式，使得神话中所强调的男女之别烟消云散。（鲁本斯的案例也有相似的情况，参见图114。）这是一种服务于享乐以及为了满足贵族小圈子欲求的艺术，这是一种迎合特权社会精英的艺术。这样看待布歇的一位观众是约翰-巴普蒂斯·圣帕拉耶［Jean-Baptiste de La Curne de Sainte-Palaye］（1697年生），他是当时最杰出的中世纪历史学者，并对艺术很感兴趣。他更偏爱尤斯塔克·勒苏尔［Eustache Le Sueur］（1616—1655）——当时普桑阵营新的崇拜对象——画里的那种有限的人物，有限的用色，以及严肃简约的风格（图53、图54）。[24]

风格的表现性在我们这个时代是一个得到严格公正评论的议题。在他的文章《规范与形式》［ "Norm and Form"］中，恩斯特·贡布里希［Ernst

Gombrich]为作为一个国家或时代表达的风格的历史学分析，提供了另一种解读。各种风格，他辩论道，在一个赋予它们意义的内部比较系统下互相依赖。把布歇的风格看作新兴贵族理念的表达是一种误导。这并不是说贡布里希会认为艺术不存在于一个文化背景中，而是说我们所认知和提出的风格间的差异，并不是表达方面的差异。这个系统他称之为排除法。贡布里希谈及排除法（他是一个优秀的瓦萨里式的艺术史家！）是因为他认为一种风格，他指的是古典主义风格——是所有其他风格，也就是非古典主义风格——的标准。他所列举的其他风格有哥特式、巴洛克、洛可可。在贡布里希的分析中，这些都是那些被认为是排除在外而不属于古典主义规范的风格的近义词。人们甚至可以把文艺复兴也加到这个名单里面。不过我建议来讨论差异而不是排除，因为在鲁本斯/普桑这个由法国艺术观所引发的二元系统中，并不存在规范和真正的归所。并且被认为依附于这个二元体系内成员的表达性意义，成了形成和评价法国艺术的一个基本部分。对于18世纪中期法国的一些特定观者来说，鲁本斯的风格看起来像是阴柔的，而普桑则是阳刚的。[25]

在1767年，两幅尺幅巨大的画作，加布里埃尔-弗朗索瓦·杜瓦扬[G.-F. Doyen]的《圣热纳维耶芙的奇迹》[*Miracle of St. Geneviève*]和约瑟夫-马里耶·维安[Joseph-Marie Vien]的《圣德尼在法国布道》[*St. Denis Preaching*]被并排地挂在沙龙里（图55、图56），它们是作为巴黎圣罗克教堂[St. Roche]祭坛画所创作的，并且现在还保留在那个教堂里。狄德罗和别人一样，把它们当作两种完全不同的风格——这两位艺术家各自所欠缺的所有特质，他写道，都在对方那里得以呈现。让人吃惊的是，他们之间的区别与创新毫无关系：两幅作品的结构非常相似。狄德罗所做的区分是基于一幅的杂乱和另一幅在构图与色彩上的和谐，这与已有的鲁本斯/普桑二分法一致。在关于同一沙龙的另一则随笔中，狄德罗指出大众["la multitude"]为杜瓦扬所震撼，而艺术专家则和他自己一样，无视杜瓦扬的吸引力，而偏爱维安的作品。[26]

图55　加布里埃尔-弗朗索瓦·杜瓦扬，《圣热纳维耶芙的奇迹》，1767年，布面油画，665×393cm，巴黎圣罗克教堂

图56　约瑟夫-马里耶·维安，《圣德尼在法国布道》，1767年，布面油画，665×393cm，巴黎圣罗克教堂

93　　把一种风格的普遍吸引力与另一种风格对小众的吸引力含蓄并置，要先于在鲁本斯和普桑之间做出的区分。在我们深入人心的传统观念中，一幅图像的色彩和拟真效果对"眼睛"的取悦比对"理智"的取悦更低等，因此在本质上也就更大众。关于华托以及紧随其后的18世纪鲁本斯风格的神奇事情便是，这本是一种针对精英阶层而出现的风格，他们纵情于被视作一种流行的色彩品位。

关注重大公共问题的公共艺术原本是鲁本斯的领域而非普桑。（我们可以对比一下鲁本斯为王室宫殿所作的美第奇系列，和普桑为卡夏诺·达尔波佐［Cassiano Dal Pozzo］和他的朋友尚特卢［Chantelou］所作的两个七大圣礼系列。）但是反转发生了。隐含在17世纪对鲁本斯和普桑艺术的

图57 雅各-路易·大卫,《贺拉斯兄弟之誓》,布面油画,330×425cm,巴黎卢浮宫

划分中,继而由18世纪鲁本斯模式的随后发展所导致的,是这样一种假设:公共道德是普桑模式的一大特征。而且对于那些希望用道德教化来应对广大观众的艺术家来说,他们的问题可以这样表述:如何以道德教化的(以及精英式的)普桑模式来获得广泛的公众欢迎。也许这就是雅各-路易·大卫[Jaques-Louis David]解释过的那种问题。

18世纪下半叶,采用普桑而不是鲁本斯的风格向观众发出了这样一个信号,即画家关注的是一个注重行动的男性世界,而不是女性的爱欲调情。在他的《贺拉斯兄弟之誓》[Oath of the Horatii](图57)中,大卫把后者降级到右边的那一组绝望的妇女那里。但是那幅画得到了普遍的欢迎,这是普桑的艺术始料未及的。当时的评论者写道,呈现在人们眼前的仿佛是自然她本身["la nature même"]。[27]

大卫为使普桑模式赢得大众的欢迎，好意为之增添了色彩效果[coloris]。在像这样的作品中，大卫，作为正如我们所知的为他的艺术寻求公共意义的一位艺术家，甚至在德·皮尔之前，就从属于色彩的特征和表现中受到裨益，而有人也许会说，是大受恩惠。但是大卫在此在普桑之上所添加的"视觉幻象"并不是德·皮尔在推崇鲁本斯时所想的那种"欺骗眼睛"。这里它是一种传统上与色彩相关联的拟真和错觉效果（这里我们很自然会回想到卡拉瓦乔）。在我们所见的风格结构中，大卫为了能让普桑模式大众化而尝试添加了色彩效果，值得一提的是，这也体现了当时对普桑的喜好的一大特征。就在18世纪下半叶，普桑的《尤达密达斯之死》[Death of Eudamidas]（图52），由于其突出的静物表现，取代了《天降吗哪》（图51）成为最受推崇的普桑作品。当拿破仑在他埃及远征军军营中得到这幅描述私德的绘画的版画，并把它当作法国道德的象征之时，他也就认可了普桑模式的全新公众吸引力。[28]

不过如果我们细想一下大卫约于1799至1800年间创作的一对作品，就会发现对于两种模式的运用，以及由此而带有的含义又一次被反转了。大卫引用了鲁本斯模式来体现《拿破仑翻越阿尔卑斯山》[Napoleon Crossing the Alps]的男性世界的英勇行为，而在他的《雷卡米耶夫人》[Madame Recamier]肖像中，普桑模式却变成另一种我们会用装束和美丽等术语来表述的模式（图58、图59）。我们发现雷卡米耶夫人的衣着风格和造型装饰属于刚刚被发现的赫库兰尼姆[Herculaneum]的罗马式家居世界。大卫引用了色彩和动态，对于画面表现的考量，并在引用鲁本斯模式时，避免了与情色嬉戏有关的那种对社会群体的脆弱表现，而是体现了呼唤英雄事迹的勇武之力和迅疾之速。在这一对比中，普桑模式明晰典雅的轮廓、地域色彩和一目了然的人物角色，为一种特别的女性魅力提供了定义与补充。

从17世纪开始，很明显这两种模式的命运，或更确切地说是它们的力

图58 雅各-路易·大卫,《拿破仑翻越阿尔卑斯山》,1800年,布面油画,259×221cm,马尔梅松城堡

图59 雅各-路易·大卫,《雷卡米耶夫人》,布面油画,173×243cm,巴黎卢浮宫

量被捆绑在了一起，在这里我指的是它们各自的表现力可以被看作是在互相的关系中产生了变化。曾出现过两种模式表现效果的完全逆转，也许用性别术语来标示最为有力。与普桑模式中固化的阳刚的动作、清晰和正式的人物造型不同的是，《雷卡米耶夫人》保留了一种女性魅力。而注重配色的鲁本斯模式，虽然在18世纪上半叶常见地致力于表现爱和女性，现在却在拿破仑的图像中带上了一种雄健的基调。

1882年，在德拉克洛瓦［Delacroix］着手处理当时最有影响力的政治事件——土耳其人屠杀希腊斯岛上的希腊市民——的时候，他引用了鲁本斯模式。为了表现庄重和道德意图，他并没有采用贺拉斯兄弟的那种典型的普桑风格的醒目和直白的人物造型，而是采用了微妙的色彩、富于表现力的姿势，以及突兀的不和谐。正是在德拉克洛瓦把欧洲对希腊自由希望破灭的哀悼说出来或画出来的同一时刻，安格尔［Ingres］则在他的《路易十三之誓》［*Vow of Louis XIII*］中采用了普桑（以及拉斐尔）模式来捍卫得到新复辟的波旁王朝支持的国家官方宗教。这两幅画作都是1822年沙龙的亮点（图60、图61）。

两幅绘画都与政治相关，并且它们大致代表了互相敌对的立场。不过两位画家所采用的风格模式本身并不表现或反映——在此用到的两个动词有时会产生歧义——他们各自的立场。要论证这一点，例如贡布里希正确地警示我们，"国王和圣母之间泾渭分明的等级关系，显示了官方天主教死板的教条和精心算计的信仰"，就会陷入表现的谬误中。[29] 在17世纪，鲁本斯代表了对天主教和天主教国家的坚定维护，其采用的模式在此被德拉克洛瓦所继承。安格尔可以相信他的绘画会在1822年时被这样看待，因为他的画会被拿来与继承鲁本斯模式的德拉克洛瓦所作的反对专制的《希尔斯》［*Chios*］做对比。

在区分华托、鲁本斯、洛可可，还有大卫、普桑和新古典主义的时候，我们追溯的是一条贯穿18世纪法国艺术的陈旧道路。当下描述的特点在于，被归纳为两种模式或风格的表现力较少被看作是从属于任意一方的

图60　尤金·德拉克洛瓦,《希尔斯岛屠杀》, 　　图61　安格尔,《路易十三之誓》, 1824年,
　　　布面油画, 420×350cm, 巴黎卢浮宫　　　　　　　布面油画, 蒙托邦圣母大教堂

内在属性,而更多被看作是——正如德·皮尔首先强调的那样——基于在它们之间所产生的结构或样式的不同。

鲁本斯/普桑的区别仅仅在于看待的方式上;也就是说,在某种意义上说,这是随意而断的。因为的确两位画家的作品之间有相似之处——比如一些普桑的神话作品是鲁本斯风格的,反之亦然。就像被认为是普桑所画的位于美国得克萨斯州沃斯堡[Fort Worth]的《维纳斯和阿多尼斯》[Venus and Adonis]那样的画作,就可以被描述为看上去有点像鲁本斯的(图62)。不过把两者区别看待对于那些把这点考虑到创作中去的法国画家来说是富有成效的。实际上,在当时对于画家而言对此做出区分几乎是必需的。那些没有陷入这种绘画纷扰的画家,他们所占据的有点像是绘画的无主之地。大量的18世纪神话作品——画作中弥漫着肉体,互相陈横的身体交织着各种各样的织物和植物,以及暗示着未明言说的欢愉经验——便

图62 尼古拉·普桑,《维纳斯和阿多尼斯》,布面油画,98.5×134.6cm,美国沃斯堡金贝儿艺术博物馆

是其结果。这样的画家是对两者不加区分的。³⁰

　　让我们停下来思考一下所有这些将把我们引向何方——既可以指向未来,同时也可以回溯到德·皮尔。当我说构成这两种风格在任意时间的意义的,并不是其内在属性,而是它们之间的区别时,我是在有意识地使用一种方式,近似于索绪尔[Saussure]对语言本质所提出的观点。索绪尔对语言学的贡献在于他抛弃了语义独立存在的看法,而倾向于相对关系的观点:他认为,语言不应仅仅从单一个体部分研究,也不能仅仅从历时性方面来研究,而要从作为构成一个统一场域、一个自给自足的系统的各个部分间的关系来研究。无须证明这种分析模式与绘画的相关性,因为几乎与索绪尔同时代的海因里希·沃尔夫林[Heinrich Wölfflin]已经在他的《艺术史的基本概念》[*Principles of Art History*]中完成了这项工作。³¹

在美国的课堂上和教材里，一度司空见惯地把沃尔夫林看作是形式分析法之父——艺术史入门甚至高级课程的老师们曾宣称，在绘画里可以用对角线和三角形来追踪调查。并且沃尔夫林也曾司空见惯地被认为是一位风格学的艺术史家。作为一位研究风格的艺术史家，他一度被认为有所局限，因为他简化或跳过了在历史顺序中的一些环节。（在他的论述中，矫饰主义［mannerism］在哪里呢？）当风格和形式分析法不再流行的时候，沃尔夫林便不再被人想起。尽管如此我们还是不应该忘了我们所拥有的使用两面性推测的长期习惯当归功于沃尔夫林——两面性推测是一种源于艺术史家的特殊技能，也就是指通过与其他作品的差异对比来看待和描述每件艺术作品。

沃尔夫林，除了其他方面的成就之外，也是一位杰出的绘画形式分析家，同时又是艺术史结构主义之父。[32] 这些成就之间的关系是非常复杂的。他提出了一组构成一个系统或语言的对立的二元——线条／色彩，封闭／开放，平面／纵深，统一／多样，清晰／朦胧。我们一直在考虑的鲁本斯／普桑的对立中就建立了一个像这样的系统。在这样一个系统里，正如我们已经充分看到的，绘画的效果和意义并不能在单个元素中产生或被感知到——就色彩本身而言可以引发出许多不同的效果——而是在一个差异化的系统里被感知到，比如色彩对应线条，或是鲁本斯对应普桑。

对于鲁本斯派和普桑派之间争论的一个有趣议题是，它把这一对立属性中的元素给孤立了出来——色彩和设计——它们在西方从古典时代起就被视为是绘画的基本元素。这种区别并没有出现在所有的绘画传统中。但时至今日，西方的艺术学生们会一方面被教授素描，一方面被教授色彩。最近的大脑研究甚至为此给出了物理原理的解释，因为似乎大脑中对形式和轮廓的感知和对色彩的感知是由不同部分负责的。无论是鲁本斯还是普桑的实践都没有像他们的代言人所宣称的那样专业化。可是德·皮尔却一门心思地去研究与绘画的其他方面的体验相分离的色彩含义。而且他提出鲁本斯，与普桑不同，应该被看成是提供这种体验的人。并且，至少在我看来，有意思的是，在鲁本斯和普桑的幌子下，这两种绘画元素——被稍稍无礼地互相分割开来——被艺术家们塑造成构成辩证的法国艺术史的基本结构元素。

马蒂斯和毕加索是否仍在这样的差异化系统中进行创作，还是只能被看作曾经这样做？这是一个关键性的判断。

第三章

肉体中的创新:《酒醉的西勒诺斯》

这个论点的性质如此,以至于它绕过了在18世纪用女性视角来解读鲁本斯的风格是否恰当这一问题。作为一位公众人物,国王、教士和商人们的画家,其绘画创新显示了过人的才智,甚至还有其超凡的博闻强识,以及更为突出的以绘画对女性丰满肉体的颂扬,鲁本斯似乎代表了传统意义上的作为男性的艺术家。鲁本斯(女性)与普桑(男性)的分歧归根结底只是男性视角的两种不同版本。

正是这样的一些想法才让我回过头来考虑鲁本斯作为一位艺术家也许会有的自我认同和性别认知。情景研究一直倾向于把艺术家当作他/她艺术的观赏者,或是当作一幅将会被观看的作品的创造者。正是这样的原因使得对于情景和感知的研究如此易于契合。绘画是如何被观看的得到了更多的关注,这时压力指向作品的外部。不过还有一类研究更关注于创造者的满足感,而较少地关注观者是如何被取悦的,此时压力是指向内部的,关注的是在创作中的艺术家。

或许这个问题可以这样表述:鲁本斯是如何在他的绘画中体现自己的?不同于当时的其他画家——维米尔[Vermeer]、委拉斯克斯、伦勃朗和普桑,在此列举了最为杰出的四位——鲁本斯从来没有把自己当作画家

图63 《酒醉的西勒诺斯》,木板油画,205×211cm,慕尼黑老绘画陈列馆

图64 《酒醉的西勒诺斯》(或海格力斯)，炭笔墨水，27×30cm（纸本的左边部分），尚蒂伊孔代博物馆

图65 《酒神狂欢》，木板转移到布面油画，91×107cm，之前藏于圣彼得堡冬宫博物馆，在1930年迁至莫斯科普希金博物馆

图66 鲁本斯工作室，《酒醉的西勒诺斯》，布面油画，133.5×197cm，伦敦国家美术馆

图67 鲁本斯工作室，《酒醉的西勒诺斯》，木板油画，139×119cm，卡塞尔威廉高地宫老画师作品陈列馆

图68 《酒醉的西勒诺斯》,木板油画,118×98cm,热那亚都拉佐-帕拉维奇尼宫

图69 鲁本斯和扬·勃鲁盖尔,《格雷斯女神崇拜自然》,木板油画,106.7×72.4cm,格拉斯哥城市博物馆:凯文葛罗夫艺术博物馆

图70 《森林仙女和萨提神》,布面油画,136×165cm,马德里普拉多博物馆

图71 《酒神的胜利》,木板油画稿,26×41cm,鹿特丹博伊曼斯·范伯宁恩美术馆

图72 《酒神狂欢》,木板油画(修复前),128×140cm,热那亚白宫

来画，比如让自己置身于画室或带着绘画所使用的工具。他创作绘画的场所也没有以家居、宫廷、工作室或其象征的形式来呈现。虽然鲁本斯的工作室效率卓著——有时为了让确立的欧洲意识形态显而易见，会扩张到让整个安特卫普的工作室都投入工作，他似乎把自己工作的场所想象成别处，更奇怪、更狂野、更孤僻，存在于身体，乃至于超脱理智。要说他对哪一个形象给予了特别的关注，在哪一个形象中暗示了亲缘关系，我认为那就是丰满的喝醉酒的森林之神西勒诺斯（图63）。西勒诺斯当然不是女性，他也不会在任何情况下调情或发动战争（来提供文艺复兴式的男性替代角色）。尽管如此，当他在酒醉和受束缚的时候，他放浪形骸于自己的歌声中，在这个意义上他仍然充满力量和创意。这正是他吸引鲁本斯的很大一部分原因。这就是罗马诗人维吉尔所描述的那个西勒诺斯。

西勒诺斯并不是一个重要的形象。即使是简略的描述也会带来让他看起来比实际更重要的风险，从而淡化鲁本斯对西勒诺斯的专注和痴迷。在酒神狂欢的世界中，他的地位仅次于酒神。他的品性既难以捉摸又非常矛盾：出身不明；半人半兽；通常很老或人到中年；酒神群体的一位追随者，有时被认为是酒神的老师；一个骑着难以驯服并嘶叫着的驴、情场失意，还被蜜蜂蜇咬的滑稽形象；当戴着农民的花环被带到弥达斯国王［King Midas］面前的时候，他又是一位真理的揭露者，当他与两个牧羊人，以及维吉尔的第六田园诗［Eclogue］中的林中仙女在一起时，他又是一位诗人。（束缚和创造的关系肯定没有在鲁本斯身上丢失，他在为国王们服务的时候也同样被束缚，虽然束缚他的是金钱的锁链而不是花环。）¹

鲁本斯描绘西勒诺斯的次数惊人。他很早就开始投入其中，并且笔耕不辍。他描绘西勒诺斯的图稿包括：被认为是他早期仿曼泰尼亚［Mantegna］的版画《西诺努斯的胜利》［*Triumph of Silenus*］（图73、图74）绘制的一幅素描；一幅仿卡拉奇［Annibale Carracci］西勒诺斯版画而画成的素描（图75）；一幅被称为《西勒诺斯之梦》［*Dream of Silenus*］（图76）的油画；一幅曾位于圣彼得堡的小型酒神狂欢图（图65），由此

图73 《西勒诺斯被一个萨提神和两个半羊人农牧神抱起》,仿曼泰尼亚,纸本铅笔墨水,24.5×22cm,巴黎卢浮宫

图74 《酒神狂欢与西勒诺斯》,(?)和扬·勃鲁盖尔,仿曼泰尼亚,布面油画,109×156cm,波梅尔斯费尔登维森斯坦堡美术馆

图75 《酒醉的西勒诺斯》,仿安尼巴莱·卡拉奇,红炭笔和水洗,23.4×21.6cm,德比郡查茨沃斯庄园收藏

图76 《西勒诺斯之梦》(也被称为萨提神),布面油画,158×217cm,维也纳美术学院

而产生出一幅由工作室出品的、增添欢快气氛("欢醉酒"[une yvresse gaye],德·皮尔写道)现藏于伦敦的画作(图66),而按照鲁本斯画作中更为悲伤的套路("悲醉酒")而出品的这幅作品则现藏于慕尼黑(图63);在慕尼黑的《西勒诺斯》之前还有两幅一半尺寸的图画——一幅在底面的小型画作,并且其摹本被收藏在德国卡塞尔(图67),而另一幅正面视角的画则被分藏在了热那亚,那幅画很久之前就被解释为借用嘲弄基督的范式来把西勒诺斯呈现在人们面前(图68);西勒诺斯——和在卡塞尔与慕尼黑的图画中一样由黑人司仪神父伴随——作为一个次要角色出现在现藏于格拉斯哥的《格雷斯女神崇拜自然》[Nature Adorned by the Graces](图69)中,还有在有森林仙女和萨提神的奥维德场景(图70)中;在为帕拉达塔(西班牙国王菲利普四世的狩猎小屋)绘制的奥维德场景画(鲁本斯晚期最重要的委托任务之一)——《酒神的胜利》中,他也跟在后面骑着一头骡子(图71)。如果我们怀疑他自己和所有这些画作的关系,那么还有一幅让人称奇的肖像(曾经被富有想象力地称为"鲁本斯一家",也许是因为主人公的脸,还有他身后的那一位萨提神,和画家很像),描绘了在酒

醉狂饮之人为伴下被爱和酒解除了武装的战士（图72）。一件西勒诺斯的半身雕塑被用来装饰他安特卫普官邸的庭院。最后，还有一组具有说服力的和西勒诺斯有关的素描：根据古物而绘制的，有写生的，还有两幅直接源于维吉尔的田园诗（图81至图83、图85、图86、图110、图112）。[2]

是维吉尔使西勒诺斯成了艺术创作中的重要形象。在他约作于公元前30年的第六田园诗中记载了两名牧羊人（塞尔维乌斯［Servius］在注释中把他们称为萨提神和半羊人农牧神）和一位叫作安格勒［Aegle］的森林仙女碰上了像往常一样酒醉和沉睡的西勒诺斯。在仙女的帮助下，他们用花环把他绑了起来，在他的前额抹上了果酱，把他叫醒并让他唱歌。于是这个低等的人物形象，在酒醉和被捆绑的情形下，倾诉了关于创造、爱情和死亡的神话。（一个美妙的巧合是，基于鲁本斯对于西勒诺斯的情结，作为给帕拉达塔设计的系列神话绘画作品里的一部分，他刚好画了许多有西勒诺斯唱歌的神话作品。）在鲁本斯根据维吉尔的故事所绘的两幅草图中，叙事上较早的那幅就把捆绑呈现为一种侵略性的，甚至是暴力的举动（图110）。这个被描绘的动作和绘画方式一样残暴。西勒诺斯双膝跪地、手臂被扭到后方，还有头部被迫向后——而面部被画了两次，脆弱的肉体被暴露了出来，西勒诺斯被描绘成为被打着手势、奸笑着向他额头挤果汁的萨提神以及一位森林仙女所玩弄的形象。维吉尔对此所用的词汇是"攻击"［adgressi］，这幅草图不遑多让。而第二幅草图，更是一幅玄妙莫测的图画，也许可以被描述成创造力继续流露的体现（图112）。然而对于其画面动作场景的识别，还远远不能表明鲁本斯深入其中的程度。[3]

关于鲁本斯与西勒诺斯的密切关系的主要证据是一幅现存于慕尼黑的名为《酒醉的西勒诺斯》的画作（图63）。作为一幅画作它非常特殊：它和文字描述并没有直接的关系，而和其他图片仅有着并不十分紧密的关系——事实上几乎只和鲁本斯自己的图画有关。在此之前并没有这样的图画先例，即为一个边缘化的、中年的、醉醺醺的而且被嘲弄的神话形象专门创作图像。（唯一的例外是胡塞佩·里贝拉［Jusepe de Ribera］描绘西

图77　仿胡塞佩·里贝拉,《酒醉的西勒诺斯》,1628年,蚀刻版画

勒诺斯的大幅作品,那幅画描绘的形象是最不体面的醉汉——值得一提的是,考虑到酒醉是它的主题,这幅画是在1626年由一位生活在那不勒斯的佛兰德的商人委托创作的[图78]。)一个身形巨大而又肉乎乎的裸像被放置在一个大尺幅的画面(2×2m)中间,被各种各样的人、动物,以及介于两者之间的生物的性爱和抚育所包围,甚至被不同年龄、社会等级和肤色的人所包围。站在这幅画作之前,我们的目光的位置差不多就到他的膝盖。他巨大的裸体身形就摇摇晃晃地出现在我们的上方。虽然西勒诺斯在图像上表现突出,却不占支配地位。正好相反,他身体向前倾,脑袋昏迷垂下,他的右臂在搀扶下才伸出来,而其左臂则被一名黑人的手一把搀住,那个黑人同时用另一只手掐起西勒诺斯大腿上的一团肉,并且紧紧跟随,距离是如此之近,就好像从后边穿透了这副巨大的身躯。⁴

鲁本斯开始绘制这幅画是在17世纪10年代,当时他35岁左右。初稿只有一半的尺幅,并且画了较少的人物,其工作室有一份副本,现藏于卡塞尔(图79)。他在此基础上按其特有的风格基本把原图扩大到了两倍。西

图78 《酒醉的西勒诺斯》,布面油画,205×211cm,慕尼黑老绘画陈列馆

图79 鲁本斯工作室,
《酒醉的西勒诺斯》,
布面油画,139×119cm,
卡塞尔威廉高地宫老画师
作品陈列馆

图80 《酒醉的西勒诺斯和大酒杯》,大理石,高103cm,德累斯顿雕塑收藏馆

112　勒诺斯成了也许可以更恰当地描述为巡游或凯旋(如果这一词汇可以的话)的酒醉的西勒诺斯。鲁本斯一直持有这幅画作。在他1640年去世后的财产清单里,这幅画名列其中。这幅《西勒诺斯》对他来说有着特殊的意义。[5]

当这幅画成为黎塞留公爵所有的三幅鲁本斯的酒神狂欢图中的一幅时,德·皮尔机敏地把西勒诺斯的酒醉描述为"忧郁的醉酒"[yvresse melancoliqué],并且强调说他的跟随者都"忙于捉弄他"[toutes occupées à se mocquer de luy]。他还察觉到,并且向鲁本斯在描绘这个肥胖、酒醉而又被愚弄的男人时所具有的绘画雄心致敬:"我确信在这幅画作中鲁本斯意欲把绘画升格到最高的境界:所有一切都充满生气,精准的描绘,甜美而又有力,这些放在一起就变得超凡脱俗。"[6]

确实,然而为什么会如此?

维吉尔版本的西勒诺斯并没有被描绘在这里,至少不是那么明显。这幅绘画是主要的图像证据,证明鲁本斯一直关心的是什么。对鲁本斯来说，部分吸引力一定来自这一事实：西勒诺斯曾频繁地被描绘在古代图像中。西勒诺斯更多的是通过图像来呈现而不是通过文字。由此，西勒诺斯更多的是通过感官被直接认知，而不是只通过想象；鲁本斯在收到弗朗西斯库斯·尤尼乌斯［Franciscus Junius］的《古画》[De Pictura Veterum]一书时，在他给后者回复的信件中提到了这一区别，该书是一本基于文字而编写的关于古代遗失绘画的汇编。作为研究古典雕像时的练习，他照着现藏于德累斯顿的大理石西勒诺斯雕像从不同角度绘制了两次以上（图81、图82）。根据推测，当他在罗马的时候，他也描绘了一个著名的花瓶的装饰部分，内容是向前倾倒的西勒诺斯，还有一些西勒诺斯的头像（图83）。[7]

我感觉鲁本斯对西勒诺斯的认识，是结合他在艺术中所找到的西勒诺斯酒神狂欢式的那种肉乎乎的形体，以及他在阅读维吉尔时所发现的西勒诺斯那种狂喜/俄耳浦斯式的诗人形象而形成的。这向他昭示了一个寄情于创造的形体表现，以此他可以对抗诗人/创造者的状况，尤其是人作为创造者的状况。[8]

鲁本斯的西勒诺斯是更广泛的酒神狂欢趣味的一部分。鲁本斯是对自己的喜好相当有节制的人。他在安特卫普家中的墙上放置了斯多葛禁欲主义的座右铭，来赞美节制和在健康身体中的健全的思维，并且他的侄子向德·皮尔报告说鲁本斯并不喜欢过度饮酒。这些都让这一事实变得更加有趣：他的艺术作品和他的工作室的艺术作品充满了鲜明的，通常是粗俗的、充满节日气氛的和酒神狂欢式的想象，而对这些想象的呈现既没有批判也没有轻蔑的意味。不仅仅是欢庆节日的农民，还有追逐并与森林仙女畅饮的萨提神、变得像酒神一样醉醺醺的海格力斯，还有，最令人印象深刻的是，巨大的、神志不清、趔趔趄趄向前行走的西勒诺斯。[9]

我们已经看到了这些图像的某些积极意义。鲁本斯在1629年于英国完成的《战争与和平》就在画中的"和平"一边援引了酒神狂欢的形象（图19）。在《露天集市》里，被罗斯金认为非常粗俗的节庆狂欢的农民们提供了一

图81 《西勒诺斯》(侧身像),根据古代的大理石雕,黑炭笔,41.3×26.2cm,伦敦大英博物馆

图82 《西勒诺斯》(正面像),根据古代的大理石雕,黑炭笔,奥尔良艺术博物馆

图83 《西勒诺斯》,根据波盖奇花瓶的雕饰,黑炭笔,29.2×38.3cm,德累斯顿版画和素描博物馆

个固有的，事实上是古老的（农业的）农民在辛勤劳作后喘息的欢畅形象，这些农民形象含蓄地与战争的恐怖形成了对比。与其说它是对酒醉的讽刺，倒不如说是对允许它出现的那些境况的庆祝。鲁本斯描绘了人们忘我跳舞的欢愉。这与另一种忘我类似——他裸体的妻子，洗完澡后，在她的裸体中得到欢愉（图16）。似乎他对于这些低下的或者庸常的释放自我的人物（农民和年轻的爱妻）的同情，体现在他画面处理的方式中，以及他在绘画时展现的欢快中。就在他去世的几个月前，鲁本斯为自己完成绘画的缓慢进度做了辩护，他写道，他需要时间以便在愉快中进行创作，这也就不足为奇了。用上一章末尾介绍的德·皮尔式的语气来说，这可以被认为是"自由"的练习。作为绘制西勒诺斯的雄心的一部分，我们可以说，西勒诺斯的形象对于鲁本斯来说是一个肉体的，并且因此是一个可以被画出来的、"自由"的例证，其中显然带有狂热放纵的意味。[10]

让我们试着跟随绘画的发展来看看。一幅非常具有特色地把一半尺幅的西勒诺斯重复绘制了两次的钢笔素描，让我们可以追踪这一变化：一个肥胖的坐着的模特变成了由另一人物（萨提神？）跟随的坐着的西勒诺斯，然后沿着画面对角线往上（其大肚子的轮廓与第一个人物的肩膀有重叠），他变成了站着的、向前倾倒的、呕吐的西勒诺斯，这一西勒诺斯的臂膀被第三个人物从背后抓着（图86）。在绘画的第一个阶段（正如卡塞尔的那幅作品所记录的那样），这个站着的、向前倾倒的西勒诺斯把右手放在一枝葡萄藤上，一个老年妇女的头被加在了左边的那个萨提神的旁边，那个抓手臂的人物是个黑人，并且他现在抓着那个巨大的人的（毛茸茸的？）腿上的肉（图84）。这还是一幅西勒诺斯为主角的绘画，但是他被暴露给了别的形象，依赖于他们并且被他们所利用。第二个阶段就是把图片下面的给扩展开来，还有在两边都增加了一点点东西，鲁本斯把西勒诺斯画成全尺幅，虽然有些古怪，但还是一个完整的人类形象。（就在西勒诺斯前倾膝盖的左上方，可以看到水平辅助线标明了原图尺幅的边缘）他的大腿被重新挪了位置，现在蹒跚而行，一条腿向前，拖着另一条腿，那条拖着

图84 《西勒诺斯》扩展三步骤的还原图

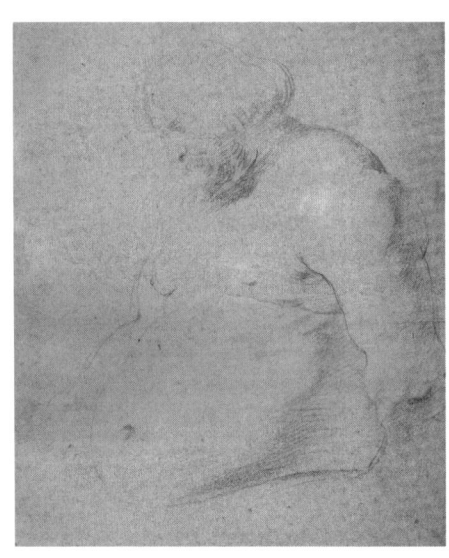

图85 《坐着的裸男》，黑白炭笔，43.5×36.8cm，鹿特丹博伊曼斯·范伯宁恩美术馆

图86 《酒醉的西勒诺斯习作》，铅笔墨水，29×19.5cm，曾由A.塞伦尔伯爵收藏

的腿处于阴影之中，后面黑人的黑色的腿如影随形；占据在前面的是从羊皮斗篷中伸出来的带有蹄子的腿，也许是黑人的右腿和脚跟的东西，还有萨提神由于背对远处的水平面而处于阴影中的腿背，除此之外还有参加庆典的人的脚。动作和能量通过这种四肢的重复而得到释放，这种视觉效果和杜尚[Marcel Duchamp]的《下楼梯的裸女》[*Nude Descending the Staircase*]有异曲同工之妙。（鲁本斯也许回想过他曾复制过的曼泰尼亚的《酒神狂欢与西勒诺斯》中富有韵律地纠缠在一起的大腿[图74]。）一个年轻女子的头——左侧老年妇女的同伴？——被加在了右边。在绘画的第三也是最后阶段，两边狭窄的平面中加上了男子的头部来与女子头像相对应，在一个小孩和一对交媾的羊的上方加上了一对老年人的头像，还加上了一只与葡萄嬉戏的老虎（还是头像），以及一位引领着扩大的游行队伍的吹笛者。中间是西勒诺斯亮堂的腹部，突出的肚脐，以及被暗处理的生殖器官。繁殖力的隐喻被体现在了那个惊人的创意中，即大地母亲萨提女神在下方的大地上，用涨大的、布有蓝色血管的乳房哺育着一对孪生小萨提神——她的孩子们，同时她还用手抚摸着（来安抚他？）其中一个孩子的生殖器官。通过被小嘴吮吸的肿胀着的乳房的乳头，还有流淌在昏昏欲睡的动物/孩子面颊上的乳汁，鲁本斯显露出了那种通常被描述和绘画成母亲的养育的肉体满足感（图87）。这不是圣母马利亚，而是与西勒诺斯相对应的女性形象。鲁本斯既需要她，也能与她产生共鸣。[11]

除了并非其伴侣的萨提女神，西勒诺斯实际上被头像们环绕着。这种构图形式和在描绘耶稣背着十字架被嘲讽时所用的那种，并非没有相似之处。

对于鲁本斯来说，开始起稿画出一幅画作的中心部分，然后在此基础上添加，这并不罕见。他的海伦娜·福尔芒的新娘画像（藏于慕尼黑）一开始就画了一半尺幅，腿部和画面两边的装饰都是后来才加上去的。扩展绘画的冲动，持续创作的诉求，对于停工的不舍——同一现象三个方面——都与鲁本斯用一些小纸片来扩展他素描画幅的习惯有关。（我们也

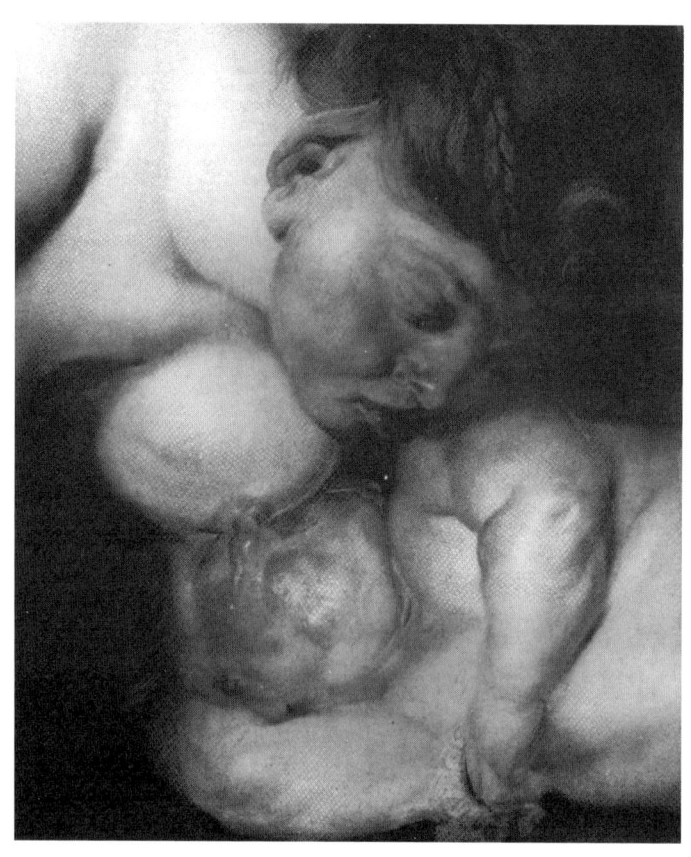

图87 《酒醉的西勒诺斯》(图63)细部

许可以将这个习惯来比照版画家伦勃朗裁切铜版,或是马内把他的绘画分割成好几份。)但是在《西勒诺斯》这个例子上,通过扩展而实现的绘画的演进却有着另一个极为特殊的要素:通过置于一个社交环境来改变这个神话形象的本质。[12]

121 　　早先,鲁本斯把西勒诺斯画在了包含哺乳的萨提女神、萨提神和野生动物的社交环境中。那个世界是酒神狂欢式的,尺幅较小(91×107cm)。而现在藏于俄国的一幅画作是慕尼黑的那幅绘画的简约版(图88)。但是他在开始画慕尼黑的那幅作品时,西勒诺斯(几乎)是孤立的,并且半身

第三章　肉体中的创新:《酒醉的西勒诺斯》　　109

图88 《酒神狂欢》，木板油画转移到布面，91×107cm，曾藏于圣彼得堡冬宫博物馆，1930年迁至莫斯科普希金博物馆

像是等比例的（卡塞尔的那幅是139×119cm）（图79）。作为创造者，西勒诺斯是孤立的。他没有同伴，并且处于不合群的状态。接下来鲁本斯就突破了这一状态。当他增加了角色之后，他超出了神话或酒神狂欢的世界：自然和文化，黑与白，青春与年老，农民和市民，野兽与家畜，还夹杂着萨提女神和她的孩子们。西勒诺斯放弃了对狂野的隐藏，在世界的中心成为了俘虏。也许，被把他带到弥达斯国王那里的弗里吉亚的农民［Phrygian］抓住这一狂欢式俘虏有其参照。但这并不是"欢醉酒"。他的确是一个神奇的形象——被幼儿化的、退化的，并且在某种程度上是在他

脚边的那个半兽人形的小萨提神的放大版本，这在右边那个孩子往上看的状态中可以辨认出来。

　　罗歇·德·皮尔对黎塞留的《西勒诺斯》的描述，即把它作为绘画追求可达的最高程度的案例，是没有问题的。在他对该绘画的评价中，德·皮尔强调了光与影的一体化处理：西勒诺斯是主要的光，被阴影所环绕——那个在后面的黑人，那个在前面穿着黑袍的老年妇女——这引出了处于次要地位的光亮，即头巾、各种头像、在后面的一个孩子，那个雪白的、醉醺醺的萨提女神和在下方的孩子们。根据德·皮尔式的视觉逻辑，这些次要的光亮也可以作为西勒诺斯的反射体。他的光亮程度取决于他周围的那些人——那对夫妇、增加出来的山羊，还有视觉上最重要的，萨提女神和那对喝奶的小萨提神的苍白色泽。在赞美其"超凡的聚合之力"［force tout ensemble extraordinaire］（按他的说法，聚合［tout ensemble］指的是绘画的统一性）时，德·皮尔赞美的是西勒诺斯的图像社交化。并且奇怪的是，酒神和他的跟随者都是抛弃家庭的人，在这里却有着对成双成对的坚持。毕竟鲁本斯是那个在他的《世界的四个部分》［*Four Parts of the World*］（图104）中想到为每位河神都配有伴侣的艺术家。那幅慕尼黑的绘画倾向于一个社交的、资产阶级式的、家庭式的酒神狂欢队伍，而西勒诺斯，作为这一切的动力和引擎，则独自位于画面的中间。[13]

　　鲁本斯通过扩展他的西勒诺斯，把他从孤立和被暴露的境地转化到了那个世界的那个行列中，在此过程中有些东西消失了，或被隐藏。把慕尼黑那幅画描述为自我内部的分裂也许更为真实：在这个世界中鲁本斯使西勒诺斯成为一个悬而未决的部分——现在显然是被嘲讽［"toute occupées à se mocquer de lui"］和被抨击的，那个巨大的、裸露的、喝醉了的西勒诺斯对这个世界并不在意或已然忘却［"son insensibilité au mal qu'on luy fait"］。

　　当安东尼·凡·代克还是鲁本斯首席助理的时候，在他的那个慕尼黑绘画版本中，曾试图通过把萨提女神和她喝奶的孩子们替换成两个欢快的丘比特，和在一旁炫耀她的裸体并挑逗那个黑人的迈那德斯女神［Maenad］——现在被认为是圣母马利亚，来抵消或者削弱那种歧义（图89）。同样地，他还通过在他那个版本的背景中提供或全为男人或是男女调情的明确定型（图90、图91），来作为悬而未决的西勒诺斯的平衡或修正，从而减小了这幅图在第一阶段的歧义。

慕尼黑的那幅图是当时对西勒诺斯兴趣的背离，或者说最多是一个特别的反映。虽然西勒诺斯偶尔会出现在文艺复兴时代的绘画中，作为酒神狂欢中一个次要的欢快形象（在贝利尼［Bellini］、皮耶罗·科西莫［Piero di Cosimo］，还有被鲁本斯临摹的曼泰尼亚的作品中），他在鲁本斯时代的欧洲，主要是通过文字，以严肃的形象示人。在《会饮篇》［The Symposium］中，柏拉图通过亚西比德［Alcibiades］之口，把苏格拉底比作丑陋的西勒诺斯，因为苏格拉底也一样异于常人。这一流传的典故推动了理智／愚蠢，或理智／酒醉愚蠢，或理智／酒醉的创作者这样的概念，这些曾被像伊拉斯谟［Erasmus］、蒙泰涅［Montaigne］、拉伯雷［Rabelais］以及莎士比亚［Shakespeare］等各种各样的文人所援引。[14]

在图像传统中，苏格拉底和西勒诺斯，特别是在两人的面相上，通常被混为一人，因此苏格拉底的图画可以通过他西勒诺斯式的外表得以辨认。有一个非常特别的图像案例，在由亚基里·博基［Achilles Bocchi］出版的新柏拉图主义的寓意画集里，苏格拉底／西勒诺斯与维吉尔的诗人西勒诺斯的形象被结合起来，创造出来了一个地位突出、身穿长袍、被一对（维吉尔式的）萨提神陪伴，并由维纳斯和密涅瓦女神同时加冕的形象及箴言（图92）。一个精简的对西勒诺斯传统的理解是，据说美好的生活是愉悦和美德的结合，或是博基通过西勒诺斯之口说出的箴言中的两个词汇："Voluptas"和"Virtus"。不同寻常之处在于，在已有知识点的范围内，完全看不到西勒诺斯酒神狂欢的那一面。博基，假设他知道那一面，也许激发了鲁本斯的兴趣，因为博基的西勒诺斯庄重高贵，这是酒鬼形象通常所缺乏的。[15]

图89 安东尼·凡·代克,《酒醉的西勒诺斯》,布面油画,212×266cm
(已毁,之前在柏林恺撒·腓特烈博物馆[现名为博德博物馆])

图90 安东尼·凡·代克,《酒醉的西勒诺斯和半羊人农牧神和酒神狂欢队》,布面油画,133×90cm,布鲁塞尔皇家艺术博物馆

图91 安东尼·凡·代克,《酒醉的西勒诺斯》,107×91.5cm,德累斯顿画廊博物馆

图92 朱利奥·博纳索尼,《密涅瓦和维纳斯和解》,1573年,木刻版画,亚基里·博基出版的《象征调查》

图93 《西勒诺斯或萨提神的双面头像》,铅笔和棕色墨水,11×12.7cm,伦敦大英博物馆

鲁本斯并不是一个否认画家有智慧的人。有一件事必须说明,苏格拉底的智慧,还有在文艺复兴加入忧郁的版本,在慕尼黑西勒诺斯形象创造中占一席之地,慕尼黑的西勒诺斯与鲁本斯之前在早期的酒神狂欢画作中所描绘的那个形象,或者是与热那亚或卡塞尔的画作可以形成对比,即他有人类的四肢还有一个含糊的苏格拉底面相。在鲁本斯所拥有的浮雕宝石中,有一个西勒诺斯形象的头戴藤冠的苏格拉底,并且他还绘制了一个西勒诺斯/萨提神后脑靠后脑的头像设计稿,其中西勒诺斯的侧身像是苏格拉底式的(图93)。这种从苏格拉底式到西勒诺斯式的嫁接,在鲁本斯对他原画(卡塞尔)进行修改并扩展成慕尼黑的那幅绘画的例子中可以看出来:山羊的腿变成了人类的,兽皮被兽皮袍替代了,还有萨提神式的头像变成了更加像人类的头像。[16]

但是鲁本斯的西勒诺斯更不像是伊拉斯谟的那种西勒诺斯-亚西比德——外表丑陋,把智慧隐藏于内——而更像拉伯雷在《巨人传》[Gargantua]序言中的西勒诺斯,即通过把酒醉与艺术家-诗人的创作状态相关联,来实现修辞上的升华。鲁本斯更在意的是强调醉汉令人震撼的举止,而不是智者的酒醉姿态。

图94 《酒醉的西勒诺斯》(图79)细部

图95 《酒醉的西勒诺斯》(图63)细部

一个欢快的向后仰的西勒诺斯和那个更为忧郁的、严重往前倾倒的西勒诺斯，很容易辨别他们的区别。鲁本斯提取的正是后面这个形式，然后他渐渐地创作出了慕尼黑的那幅画，在这一形式中智慧和忧郁变为了特性。在俄国的小尺幅的严肃的《酒神狂欢》中（图88）（虽然在此他是后仰的），鲁本斯首次把画中几个形象聚合在一起，并且表现出了对于肉体的兴趣，而在慕尼黑的绘画中，这一兴趣在尺幅、表达和志趣上都得到了扩展。但是这两种西勒诺斯的形象都同样显露出对肉体的兴趣。这种特定的肉体呈现引发了争论。有必要像鲁本斯那样，接受肉体的状态，且不因为要（学术的）取悦智者而试图缓和或逃避它。基于肥嘟嘟、醉醺醺、边缘化和被嘲讽的形体而创作出如此宏大的呈现，这种创作的荒谬性，必须得到承认和某种程度上的接受。

鲁本斯对于西勒诺斯由于年龄和放纵而产生的丰腴肉体的兴趣变得越发强大，因为它推翻了他对不良形体的固有厌恶。在拉丁文论文中，他写了关于对古代雕塑的模仿的问题，这最终被德·皮尔发表在了他1708年的《绘画法则》中（带有法语翻译），鲁本斯为古代雕塑家所面对的松弛的不怎么好看的形体而感到遗憾。尽管带有这样的态度，鲁本斯，也许还是个在安特卫普的青年男子时，就通过墨水素描临摹了曼泰尼亚的《酒神狂欢》的版画，研究了西勒诺斯的肉体，并且根据同一件作品又协作出了绘画，在罗马他根据现藏于德累斯顿的罗马时代的塑像和现藏于波盖奇美术馆的花瓶浮雕，绘制了两幅素描。[17]

回到安特卫普，他转向模特写生，并且绘制了一幅令人瞩目的、大型的——几乎高达半米——肥胖男子炭笔素描（图85）。鲁本斯通常为他的艺术在艺术中寻找人类形体：把他们看作是他绘画传承的一部分。作为一位以人类形体为其艺术作品基础的画家，值得注意的是他人体写生的素描却非常稀少。（相比之下伦勃朗画了更多的男男女女。基于他们绘画的主题来看——伦勃朗不是一个频繁绘制裸体的画家，而鲁本斯却是不断绘制裸体的画家——两位画家绘制人体写生素描的对比让人惊奇。）在很少的

图96 《和安德鲁斯岛人的酒神狂欢》，仿提香，布面油画，
200×215cm，斯德哥尔摩国家博物馆

图97 提香，《和安德鲁斯岛人的酒神狂欢》，布面油画，
175×193cm，马德里普拉多博物馆

一些例外情况下，鲁本斯会为了一个特别的绘画目的而绘制特定造型的模特，然后存档放起来作为工作室资源之用。这种对于他往常实践的背离使得那生动的丰腴男子坐像素描更为特殊。[18]

鲁本斯非常安于按照一种绘画传统来创作，在这种传统中，自16世纪以来，裸体绘画的主体就已经被性别化为女性并且是成年女性——虽然这种成熟更多的是被提香的继承者所强调，而不是提香本人。(人们发现鲁本斯对于另一种传统并不感冒，即在法国大革命之后再次得到复兴的那种，以妙龄男子为描绘对象的传统，那些男子不是正在承受苦难——通常以圣塞巴斯蒂安[St. Sebastian]或基督的形象出现——就是作为爱情之"苦"的潜在诱因，以爱神/丘比特的形象出现[图44]。)在意大利早期，对女性肉体的表现和油溶性颜料的使用紧密相关。女性裸体的表现与始于威尼斯的用油溶性颜料来塑造女性肉体所特有的那种性感表面的手法有千丝万缕的关系。其源头形象是乔尔乔内[Giorgione]的《维纳斯》[Venus]。对于油画/女性肉体关系的兴趣在绘画中一直持续到了安格尔和马内所处的19世纪。

把鲁本斯看作这一传统的一部分是正确的。他以人体画家而著名。但是现代观者倾向于把他作为女性人体画家而铭记于心，甚至因此而讨厌他。虽然容易记识，但是鲁本斯绘画中的肉体很难说拥有美丽的外表。相反，他笔下的肉体都太像真实的人体了。人们可以通过比较来衡量他的不同之处，即把藏于斯德哥尔摩的他画的《酒神狂欢》中的女性人体，以及他心中所想的仿照物，与提香的绘画中的女子裸像做比较（图96、图97）。鲁本斯因为对结实的肉体的兴趣而放弃了通过对光的掌控而产生的皮肤表面的变化。可以说鲁本斯描绘的肉体不是表面的，相反他注重的是所有人体——无论男女——是由哪些物质所形成的。他也是一位男性人体画家：他所描绘的人体是男性和女性共有的东西。在处理肉体方面，他在柏林的两幅挂在相近之处的《圣塞巴斯蒂安》[St. Sebastian]和《安德洛墨达》[Andromeda]（图98、图99）是多么相似啊！比较河神和维纳斯自己的臀

图98 《圣塞巴斯蒂安》，布面油画，
200×128cm，柏林画廊美术馆

图99 《安德洛墨达》，木板油画，
189×94cm，柏林画廊美术馆

图100 《酒神》,木板油画转移到布面,191×161.3cm,圣彼得堡冬宫博物馆

图101 《被诅咒者的堕落》(细部),木板油画,288×225cm,慕尼黑老绘画陈列馆

第三章　肉体中的创新：《酒醉的西勒诺斯》　　121

图102　鲁本斯工作室，《酒醉的西勒诺斯》，布面油画，133.5×197cm，伦敦国家美术馆

部就知道了（图103、图104）。[19]

如果我们看一下另一幅曾为黎塞留所拥有的，并被德·皮尔所称颂的画作——现藏于圣彼得堡的鲁本斯的《酒神》[*Bacchus*]，我们可以看出，在肉体方面，对男性的描绘甚至可以和女性一样（图100）。在鲁本斯对这些人物的呈现中，男子们所具有的肉体性质，考虑到他创作所遵循的绘画传统，可以被描述为女性化的，或雌雄同体的。可以这么说，在鲁本斯的描绘中，男子们可以追求，但也可以承认自己是处于女性的状况。对于这一人类的肉体根源，这一肉体共同性，这一棘手问题（因为在鲁本斯那里人体不仅仅是庆祝的条件，也是谴责的前提，这在他慕尼黑的《被诅咒者的堕落》[*Fall of the Damned*][图101]的肉体中可以看出），他的西勒诺斯是一个强有力的例子。这才是那个巨大圆溜的肚子，还有突出的肚脐、被捏的大腿，还有从后面被捅的形象想要展示的。（在德·皮尔所描述的

图103 《镜前的维纳斯》,
木板油画,124×98cm,
列支敦士登画廊美术馆

图104 《世界的四个部分》,布面油画,209×284cm(四边都有裁剪),维也纳艺术史博物馆

第三章　肉体中的创新:《酒醉的西勒诺斯》

图105　桑卓·波蒂切利,《维纳斯和马尔斯》,木板,17.3×69.2cm,伦敦国家美术馆

现藏于伦敦的那幅及膝高度的工作室版本中,那个黑人庆祝者的手得到了纠正,被放在了侧腹 [图66]。)

奇妙的是,并且对我们来说,鲁本斯的西勒诺斯或他的酒神在视觉上令人不安的是,他把裸体绘画传统中的成年女性肉体转移、调借给了男性。这也许就是19世纪的道德主义者们——那些因为他的粗俗而抗拒他的人——对他绘画产生反感的原因吧。举例来说,托马斯·埃金斯 [Thomas Eakins] 就为此义愤填膺。他在马德里给父亲写道:"鲁本斯是这个世界上最下流、最粗俗聒噪的画家。他的男子像都被扭曲得支离破碎。他的造型总是歪歪扭扭的和浮肿的,并且其标识从来都不在对的地方,也不像人们在自然中见到的那样……他的图画总让我想到夜壶。"但正是通过对西勒诺斯的认同,鲁本斯才可以——用罗斯金评论卢浮宫的《露天集市》的话来说——忍受那种他所想象出来的绘画图像景观。[20]

在我们的时代,当绘画含有或构建了性别的区分的说法被一再坚持的时候,有一种对我们自己的提醒是有益的,即在致力于再现人体的时候,欧洲艺术家们通常会注重男人和女人之间的共通之处。可以这么说,15世纪的画家们——例如,波蒂切利 [Botticelli] 在他现藏于伦敦的《维纳斯和马尔斯》[Venus and Mars]（图105）中——就把男子和女子的形象调和

图106　卢西安,《裸男的背面》,布面油画,183×137.25cm,纽约大都会艺术博物馆

成一个单一的青春期前的形象,这一形象得到了拉斐尔前派的继承,并在此基础上明确地向女性的那一端做了倾斜。照相术就是那种处理方式在我们这一时代的媒介,并且这种调和也可以转向另一端:不是男性采用女性形体,而是女性被呈现为拥有男性的肌肉,就像罗伯特·梅普尔索普[Robert Mapplethorpe]拍摄的健美者丽萨·莱昂[Lisa Lyon]那样。西勒诺斯模式的鲁本斯效果在卢西安·弗洛伊德[Lucian Freud]的画作中通过以巨大丰腴的和有异性装扮癖好的行为艺术家利·鲍厄里[Leigh Bowery]为模特而得以体现(图106)。那个粉色肉体撑满巨大画幅的丰乳、光头、巨大如山的形象,是活灵活现的西勒诺斯。(鲍厄里自己的描述中,"一个

异常巨大的小母牛"暗示了绘画所肯定的东西：弗洛伊德的模特扮演了类似于古代酒醉者用于祭祀的形象。）不过一个真实的鲍厄里是必要的，这可以使弗洛伊德，虽然他很早就是一位画裸体的画家，得以发现源自鲁本斯形体想象中的肉体的繁殖力。[21]

鲁本斯对于肉体，特别是西勒诺斯肉体的感觉，被他18世纪法国的推崇者所注意。在华托描绘鉴赏家受到裸体画吸引的《热尔尚的商店招牌》里，鲁本斯得到了再现，不是通过一个女子的图像，而是通过一个被赋予了丰乳的鲁本斯式的西勒诺斯（图107）——采用的样式是热那亚的西勒诺斯（图68）。华托在一幅临摹出自鲁本斯工作室的《西勒诺斯一行》[Procession of Silenus]的炭笔素描中（图108），确认了他对鲁本斯模糊性别的理解。他调整了紧随西勒诺斯之后的人物的手，让它不被放置在他的侧腹（本来就是对于掐捏大腿的修改），而是把它放在了他的胸部。

但是在后来的法国画家中，鲁本斯式的肉体重新回到了性别区分明显的女性那一边。他们不注重鲁本斯／普桑的区分，正如我们所强调过的那样，部分表现在他们把肉体归为女性的倾向。通过一种有意的误读，鲁本斯描绘肉体的物质性被狭隘地情色化了。在18世纪的法国鲁本斯的女性化与对他的肉体呈现的继承有关，但它同时也是对这种呈现提供的性别模糊的可能性的误读。一个例子就是1700年安托万·夸佩尔［Antoine Coypel］绘制的《西勒诺斯被安格勒涂上桑葚》[Silenus Smeared with Mulberries by Aegle]（图109），这幅画以后来被凯吕斯伯爵［Comte de Caylus］收藏的鲁本斯的安特卫普素描（图110）为基础。1747年得奖的由夏尔-安德烈·凡·洛［Charles-André Van Loo］绘制的《酒醉的西勒诺斯》[The Drunkenness of Silenus]（图111）就解除了鲁本斯的西勒诺斯令人不安的效能。虽然凡·洛在游行的样式中安置的是那个被制服的西勒诺斯（两腿分开，一个膝盖向外和朝上顶去），但结果却是一个欢快的、松弛的、不被威胁的且没有威慑力的胖男人。[22]

慕尼黑藏鲁本斯的《西勒诺斯》让人不安的地方就在于其性别区分不

图107 华托,《热尔尚的商店招牌》(图50)细部

图108 华托,《西勒诺斯一行》,红、黑、白炭笔,15.4×21cm,华盛顿国家美术馆,保罗·谢菲尔德·摩根夫妇捐赠,向老画师素描策展人玛格丽特·摩根·格拉塞利致敬,祝贺国家美术馆成立50周年

图109 安托万·夸佩尔,《西勒诺斯被安格勒涂上桑葚》,1700年,布面油画,兰斯美术博物馆

图110 《酒神狂欢(西勒诺斯和安格勒)》,铅笔墨水,薄涂颜色,白色高光,14×12.5cm,安特卫普素描和版画陈列馆

图111 夏尔-安德烈·凡·洛,《酒醉的西勒诺斯》,1747年,布面油画,164×195cm,南锡美术博物馆

清楚。这种区分被回避了，或者至少没有被标明：那个人体不是确定的男性，也不一定是女性。在外表和行为上，在鲁本斯的绘画表述中，他存在于一个神奇的、不分男女、介于两性之间，或者忽略性别的世界里。

"亲爱的主人"［Chère maître］，福楼拜［Flaubert］是这样称呼乔治·桑［George Sand］的。在她去世后，他感慨道，在那个伟大人物那里有多少女性特质。[23]

也许，我们都是如此。

为何我们传统中的一个男性画家以这样的方式来再现肉体？我想这与男性繁殖的问题有一定的关系。当生育小孩是女性的特权时，男性如何变得富有创新精神，比如创作绘画？虽然有各种关于凝视［gaze］的讨论（根据一种拉康式［Lacanian］的通过被观察来发现自我的有意思的解释，这一直被归于权威男性画家的形象），图像记录揭示了男性在传统中作为画家关于创新所感受到的很多问题。他们不仅通过不同形式唤起了女性缪斯，而且值得注意的是，在西方传统中有很多成功的画家——多纳太罗［Donatello］、达·芬奇、米开朗琪罗、德加［Degas］——他们自己对性别的感觉非常复杂并备受压力，而且这种感觉还在他们的人体范式中体现了出来。我们也许可以这样看待他们的身份认同——多纳太罗认同维多琳·默冷［Victorine Meurend］，德加认同沐浴或准备跳舞的女子们。西勒诺斯对于鲁本斯也起到了这种作用。[24]

艺术家的常见形象、自我形象或自画像，是一个站在他的画布前面或后面，并看着画布的男子，通常还能看到女子相伴。关于艺术家这种形象的疑问让人苦苦深思。然而，就像画家一开始就必然是他绘画的一部分，西勒诺斯也是他所创作的歌曲中的一部分。这种对艺术家的看法把他和他的作品融为一体，这种整合不是发生在看画的过程中，而是绘画的过程中。这不是针对某一观众群体而做的表演，而是舞者在"创作"他/她的舞蹈这个概念下的表演。这是一件令人陶醉的，或者，援引在这里并不显得有什么不妥的尼采的区分法，一件狄奥尼修斯式［Dionysian］而不是阿波罗式［Apollonian］概念的艺术。在《悲剧的诞生》[*The Birth of Tragedy*]中，尼采讨论了酒神狂欢合唱的初始作用，并且，作为在此之前的民间智慧，他重新叙述了先知式的西勒诺斯被弥达斯国王俘虏的神话故事。这些古老题材，还有对他们的认同即（戏剧）艺术的根源这一观念，在此都有重大的关联：阅读《悲剧的诞生》，一部此后在相同传统中产生的作品，可以使我们对酒神狂欢的鲁本斯的看法变得更为透彻敏锐。25

尼采唯一的图像引用来自拉斐尔的《圣容显现》[*Transfiguration*]中的对阿波罗式的上部和狄奥尼修斯式的下部所做的精明的区分，拉斐尔自己则被描绘为阿波罗式的。造型艺术家，尼采不止一次如是说，是把事物当作他身外之物来描绘的：不是狄奥尼修斯式的他（或她）。又一次，艺术家被想象或被描绘成站在了他的世界之后。但是我的想法比尼采"更先一步"[pace]，我认为狄奥尼修斯模式更适合画家而不是作家，作家书写的实际行为必然与他的文字相分离。西勒诺斯是一位吟唱诗人，而维吉尔在他身上找到了一种声音。对于维吉尔来说，把西勒诺斯的歌曲转化成文字是很有必要的。但是对于诗人来说，像这样的声音并不是来自有意识的宣泄或是作为诗人本身的声音，而是源于拥抱和寻觅一种特殊的语境或是创作状态。这是一个鲁本斯创作的想象场地（隐喻为工作室）：醉醺醺的、被一对牧羊人/萨提神绑缚着，眉毛被森林仙女所玷污，正苏醒过来，开始他的长歌。西勒诺斯体现了创作艺术的心醉神迷的概念。26

鲁本斯/西勒诺斯的亲密关系让我们进一步地了解鲁本斯作为一个艺术家的创作，虽然鲁本斯也许对这种身份并不情愿，甚至不能够承认。阅读维吉尔关于西勒诺斯的诗歌可以为我们提供一些词语来描述他作为一个画家的基本行为特质。我们也许可以把这说成是鲁本斯的西勒诺斯模式。于是，思考他与西勒诺斯的关系的一个重要结果就是，这让我们的注意力集中在作为画家的鲁本斯对某些特定主题的兴趣，以及在他实践中某些特定的规律。

自塞尔维乌斯以来的评论者都对第六田园诗感到颇为费解，其所呈现的解读和诗歌的问题仅次于救世主式的第四田园诗。为什么是西勒诺斯？以及，他属于哪一种诗歌表现呢？

首先，为了免于出现任何怀疑，让我们简单地回顾一下鲁本斯对维吉尔感兴趣和对他熟知的证据。我们从他早期的传记书写者那里得知他是一个维吉尔的阅读者，他在笔记本上摘抄了那位罗马诗人富有表现力的诗句，而那个笔记本，众所周知，已经遗失了。而在我们所知的鲁本斯创作的事例中有一个是这样的，据记载他曾凭着记忆引用了大量来自《埃涅伊德》[Aeneid]的拉丁文的篇章，甚至他还根据这一诗集创作了绘画。可以想象，同样的对文字的钻研可以产生两幅根据第六田园诗的西勒诺斯而来的素描，这两幅通常被认为是他从意大利返回后的第二年创作的（虽然这意味着1608至1620年之间的任何时间）（图110、图112）。第二幅显得更为平和。躺着的西勒诺斯，现在被束缚住，使得他自己听由安格勒摆布。从后面看，安格勒的身体处在他的两腿之间（就像一个男人扑在女人身上一样），她伸手越过他的身体去涂抹他的眉毛。从被捆绑着的酒醉者的歌里流淌出来的东西，通过那些重复的布满纸张的形象得到了体现。但实际的动作是由鲁本斯洒脱的墨水笔所表现出来的。[27]

第二幅素描上部西勒诺斯手持的标语显露了鲁本斯在创作时对维吉尔文字的思考。伊丽莎白·麦格拉斯带着她对鲁本斯学术和艺术方式的殷切赞许，发现那些长期以来困扰着专家们的拉丁文词汇与维吉尔的一个特别的注解有关。这段文字是"Vitula-guad[ium]"（或"vitula的意思是快乐"），这个标注显示了鲁本斯对"vitula"这一词汇的好奇。鲁本斯的这一兴趣显然是来自对"Pierides"这一词汇的追溯（这一对缪斯的引用出现在第六田园诗第13章，就在西勒诺斯出场之前）；这一追溯是通过蓬塔努斯[Pontanus]的注解进行的，鲁本斯在绘制素描的时候，显然有蓬塔努斯版本的维吉尔在手边。[28]

但是这幅素描也可以证明他是用**绘画**的概念来理解这段文字的。鲁本斯把文字上的创新转化和内化到了素描中。他的画笔三次重复了森林仙

第三章　肉体中的创新:《酒醉的西勒诺斯》

图112　《西勒诺斯、安格勒和其他人物形象》，铅笔墨水，薄涂颜色，28×50.7cm，英国皇家收藏

女安格勒的动作，即扭过身子朝向倒下的西勒诺斯（第三次她的头几乎消失于右上方的那些人物之下），并且笔触的运动产生了其他有意思的相关神话形象。安格勒的动作类似于鲁本斯笔下扭过身子色诱卡利斯忒式的朱庇特／黛安娜［Jupiter/Diana］，以及胜利女神扭过身来为那个英雄加冕的动作。曾有人指出，随着墨水的减少和手的减速，还有一丝维也纳的《世界的四个部分》里面的河神以及墨勒阿革洛斯［Meleager］与叔叔们纠缠的踪影。

这两幅西勒诺斯的素描并非孤例。维吉尔的西勒诺斯的状态——在文字同时也在形体的感官上——可以被认为贯穿于鲁本斯作品的始终。

观看鲁本斯的创作和阅读维吉尔的第六田园诗时，可以总结出三个互相关联的观点。

首先，西勒诺斯模式的发明是一系列的——这是一个以诗歌为先例的脉络。维吉尔的西勒诺斯是一个活跃的怀旧的古代形象，与鲁本斯自己不无相似之处。

其次，西勒诺斯不仅让事物发生，并且像普洛透斯［Proteus］（另一个在神话中与他有关的人物）一样，他把自己转化到了那些他所歌唱的包括妇女在内的人物的体验中去——比如，他同情帕西淮［Pasiphae］因爱一头公牛而绝望。

最后，与之相关，正如从塞尔维乌斯起就已经著录的文字注解，很多篇章在写作中不仅仅把西勒诺斯当作歌唱事物的歌手，而且把他当作他所歌唱事物的创造者。西勒诺斯不仅仅讲述，而且带来被爱情俘虏［captus amore］之后的痛苦、死亡，以及变形。正是他让帕西淮爱上了公牛，并且用苔藓和苦涩的树皮包围法厄同［Phaeton］的姐妹们，让女人们变形为树木。一位西勒诺斯的俄耳浦斯模式的现代评论者把这一现象放置到了维吉尔对语言的使用本身，专注于"残酷的战争"［tristia condere bella］（1.7）的构造，对于他来说，这是拉丁诗歌第一次出现宾格置于动词"condere"（to conduct［来实施］）之后，用来指代一个除诗歌之外正在被创造的事物（这里指的是战争）。[29]

这里值得停顿一下来想象鲁本斯所构想的慕尼黑的《西勒诺斯》的第一阶段。这与他作为公众人物的整个职业生涯是相违背的。但是我会认为这是他艺术的源泉。慕尼黑的那幅画作只是他所面对的、今后也必须继续面对的问题中的一个例子。

记住西勒诺斯的本质和他的行为——醉醺醺、被束缚、被征服、被抓住，**变形**为歌曲的代言人——可以让我们通过确认鲁本斯与西勒诺斯身份认同的实际方面，来思考鲁本斯艺术实践的一些方面。一些旧事物可以从新的角度来看待。比如，临摹别的画家是鲁本斯终身坚持的一个学习习惯，而其模仿的高峰，根据当代的研究，则是模仿马德里皇家收藏中的提香的绘画。千变万化可以被用来很好地形容鲁本斯与传统的关系，这表现在他对这些作品令人惊叹的模仿：拉斐尔的《卡斯蒂利奥内》［Castiglione］、提香的《安德鲁斯岛人》［Andrians］（图96）或《欧罗巴》

[*Europa*]。这些模仿把他自己转化为其他艺术家，并且从某种意义上使他成为其他艺术家的媒介，正如根据第六田园诗所述而作的维吉尔的西勒诺斯那样，成为其他前辈诗人的"图录"[catalogue]。

我们很少把放纵这种状态和鲁本斯——这位非常成功地运作了一个文艺复兴工作室的大师——联系起来。他组织和运营了一个绘画工厂。它的特色是分工明确：整体上通过把他的创造与制作分离，把制作交给工作室处理，他得以监督产出超过3 000幅绘画、铜版画和木版画。但是关于鲁本斯的创造还有另一个方面——没有那么多谋划、没有那么明显的控制。我们看过一对跳舞的伴侣，是从《露天集市》的农民聚会里面衍生出来的，缠缠绵绵、前旋后转，穿梭于纸面上，永恒地相吻（图29）。然后我们现在看面前正在涂抹西勒诺斯额头的安格勒，也是重复出现、布满纸张。鲁本斯为歌手的宣泄配上了一伙神话人物，首先是左边的西勒诺斯和安格勒，安格勒在纸面又重复出现了两次；重复出现的不仅是安格勒，还有墨勒阿革洛斯，还有一点卡利斯忒，不一而足。这种创造，这一系列的创造，是和制作分不开的：这种几乎不受尺幅控制的持续的绘画行为，就像西勒诺斯在歌唱中放纵自我。

这个观点可以得到延伸。即使最后的那些绘画是借别的画家之手完成的——那些鲁本斯根据维吉尔的西勒诺斯所唱的神话故事而为菲利普四世设计的作品，或者是那些玛丽·美第奇的生活场景图——鲁本斯对系列作品的连续扩展可以被定义为遵循的是西勒诺斯模式。一位观察鲁本斯工作的人写道："有时在灵感的激发下，灵巧的手会在描绘时挤开他过载的大脑，这样就不会受到日常实践的约束，而是被激情强力地推动。"不过问题也许不在于鲁本斯**怎么**做到的，而在于他所做的**样子**，"精心的维护与迅猛的笔刷"，贝洛里[Bellori]——一位意大利艺术评论者这样写道。"忘我纵情和大胆进取本身就可以产生这样的印象"，德拉克洛瓦——鲁本斯最热切的崇拜者之一——这样总结道。[30]

但是关于西勒诺斯模式还有别的东西需要考虑，并且它们会把我们

图113 《在吕科默得斯女儿们中的阿基利斯》，布面油画，246×267cm，马德里普拉多博物馆

带回到在本章一开始所提出的问题。和西勒诺斯一样，鲁本斯在性别的问题上也是像海神普洛透斯一般千变万化。他以对异装的兴趣为乐：在女人堆里的阿基利斯[Achilles]，朱庇特把自己装扮成黛安娜来追求/诱惑卡利斯忒（图113、图114）。接着鲁本斯还把后面的那一对转化成一个别样的情色故事——从朱庇特/黛安娜的形象里出现了大力士参孙[Samson]，从卡利斯忒那里出现了黛利拉[Delilah]，这就在藏于伦敦的一幅绘画中（图115）。在这里角色得到了逆转：追求者——朱庇特变成的参孙——被被追求者所征服。他垂下的手臂来自意大利艺术家佩里诺·德尔·瓦加

图114 《朱庇特和卡利斯忒》，1613年，木板油画，126×184cm，卡塞尔威廉高地宫老画师作品陈列馆

图115 《参孙和黛利拉》，木板油画，185×205cm，伦敦国家美术馆

图116 《参孙被庸俗的人所劫持》，木板油画草图，37×58cm，马德里提森-博内米萨博物馆基金会

[Perino del Vaga]版画中的朱庇特形象，鲁本斯参照了那幅版画中的朱庇特和卡利斯忒的形象。西勒诺斯垂挂着的手臂也与此有关。和西勒诺斯一样，在这里，参孙喝得大醉，正如鲁本斯通过背景墙架上摆设的酒器所做的提示那样。

这一连串的变形并未在此终结：在一个对参孙被征服或被逮捕（图116）而做的复杂的、非常与众不同的研究中，参孙的处境和安特卫普素描里被捆缚的西勒诺斯差不多；黛利拉采用了"诱惑卡利斯忒的朱庇特变成被黛利拉松绑的参孙"这一姿势，这种姿势也被鲁本斯在安格勒照料西勒诺斯的素描中采用，而这里西勒诺斯又处于伦敦的那幅画中黛利拉和被诱惑的卡利斯忒的位置，这就形成了一个完整的循环。男人和女人不仅肉体质感相同，他们的具体站姿和角色也都差不多，因此可以互换。[31]

需要提醒的是，鲁本斯置换男女姿势和角色的天赋，体现在他书写关于他第一任妻子伊莎贝拉[Isabella]去世的感觉时，他对自己双重角色的

暗示中——他结合了埃涅阿斯所声称的对游历的渴望,以及维吉尔笔下的迪多[Dido]在埃涅阿斯离开家之后独守空房的哀叹:

> 我认为游历会有助于让我从很多必会反复增加我忧伤的事情中解脱出来,就像她独守空房的哀叹,和在被遗弃的睡椅上的沉思。
>
> [Io crederei un viaggio esser proprio per levarmi dinansi molti oggietti, che necessariamente mi raffrescono il dolore, *ut illa sola domo moeret vacua stratisque relictis incubat.* (Aeneid, 4.82)][32]

男人不但可以和女人相互置换角色,而且会对变为女性的从属表示欢迎,甚至会为此大献殷勤。被女人扰乱或是被饮酒扰乱的男人,以及随之而来的异性装扮,对鲁本斯来说是一个令人痴迷的主题。女人是让人害怕的——就像他的一对挂屏绘画《海格力斯和翁法勒》[Hercules and Omphale]和《维纳斯为阿多尼斯哀叹》[Venus Lamenting Adonis](图117、图118)所显示的那样。鲁本斯对西勒诺斯处境的兴趣——这一处境被维吉尔形容为"俘获"[captus],虽然不像他所歌唱的人物那样是被"爱"[amore]俘获——让我们要对此留心。拉奥孔的姿势通常用来刻画被利用的男人——海格力斯的那种形体扭曲,还有在他的维吉尔素描中被安格勒征服的死去的阿多尼斯和西勒诺斯——是受欢迎的。鲁本斯更少地把它想象成一个与死亡激烈抗争的标志,而更多地把它想象成一种对被征服的心甘情愿和敞开心扉。正因为如此,这种造型被默认为是女性的,类似鲁本斯在西班牙时复制的提香的《欧罗巴》。在这一系列互相关联的情侣场景绘画中,男人是否具有侵略性,被侵略、被关注,或者居次要地位,都无关紧要。不管他们以什么姿态出现,都因女人而不能自已。[33]

显然像《酒醉的海格力斯》和《被胜利女神加冕的英雄》(图119、图120)这样的挂画就有可能是为教学所做的设计:如何让行为不像海格力斯,而是像胜利者[Victor]。然而,鲁本斯的绘画使这一场景变得复

图117 《海格力斯和翁法勒》,木板油画,278×215cm,巴黎卢浮宫

图118 《维纳斯为阿多尼斯哀叹》,木板油画,273×215cm,巴黎私人收藏

图119 《酒醉的海格力斯》,木板油画,220×200cm,德累斯顿老画师作品陈列馆

图120 《被胜利女神加冕的英雄》,木板油画,221.5×200.5cm,慕尼黑老绘画陈列馆

杂:虽然通过踩在酒神狂欢式酒醉和欲望的肉体上,胜利者明显对此有所排斥,但他还是在丰满的女性的拥抱下被加冕了,并且被她们围得几乎窒息。征服与被征服被结合在了一起。从另一角度来说,这就是参孙或西勒诺斯。鲁本斯总能在图像上处理好一对人体形象的互动。实际上,对于这些例子,图像学通常所关注的——诸如参孙或海格力斯、西勒诺斯这样的个体形象的意义——是次要的,将被对人物之间互动的描绘所取代。在鲁本斯的描绘中反复出现的是,被女性形体所抑制、取代和降服是令人愉快的,并且这对于男性的成就在很大程度上是必要的。就像他对西勒诺斯的兴趣已经表明的那样,并不是女性的力量——另一个图像学所关注的点——而是男性服从所带来的欢愉和多产深深吸引着他。不过如果这么说就限制了像西勒诺斯和在我眼中的鲁本斯这样的受虐狂所喜欢的那种性别观念,即更为广博的、没有那么尖锐的分野的性别观念。[34]

必须承认的是,这种考察鲁本斯的方法带有一些反直觉的东西。他通常被看成为是一位——甚至就是那个最具代表性的——粗鲁的上层社会的男性画家。最经典的例子就是他的《劫夺留西帕斯的女儿》[*Rape of the Daughters of Leukippus*](慕尼黑),该画展示了两个全副武装的骑士正在抬起和抱起两位显然在抗争的女子。这里出现了争议。在解释的方式上,鲁本斯支持和赞扬统治者对其民众的特权,或是在古代典籍中树立的激情胜过贞洁的这种观念。男人对女人的劫持,在这个历史上被认可的案例中,是一条合理的走向引诱和婚姻的途径。但是鲁本斯在试图更新这个观念时似乎出现了问题。他那未解的,和至少在我看来是尴尬的画作《劫掠萨宾妇女们》[*Rape of the Sabine Women*](伦敦),试图呈现的是披上当代装束、表现为当代行为的,所谓的古罗马男子的美德。(德·皮尔在描述这幅黎塞留收藏的绘画时,把画面中间的男子辨认为绘画的赞助人,而他所追逐的萨宾妇女则是他所渴望的妻子!)

鲁本斯似乎可以绘制具有他同时代气息的和大家有认同感的色诱场景,就像在《爱情花园》(图40)中那样(有时被认为描绘的是鲁本斯把他的年轻妻子海伦娜引领入门),或是那些不是他同时代的也不是大家都能产生认同感的场景,比如萨提神追逐森林仙女,但是鲁本斯在描绘他同时代的大规模诱拐的时候就有很多困难。那优秀的《膜拜维纳斯》(图30)就结合了各种策略:当下(膜拜维纳斯的妇女穿的是[鲁本斯]时代的衣装)和神话的过去(与森林仙女狂热舞蹈的萨提神)混合在了一起,而不在乎是否得到一致的认同。确实,这幅画作可以被描述为女性心醉神迷的一种幻想。那些萨提神并不是在那里为自己牟利,而是为妇女们提供有帮助的肉体。妇女们也同样在顺从中获得快感。[35]

总结一下,并且把这一章与之前的那一章关联起来:在我看来,在对失去主动权、肉乎乎和醉醺醺的歌者西勒诺斯的身份认同中,鲁本斯唤起了一种对有效的、迷醉的创新模式的欲望。归根到底,18世纪对鲁本斯女性化的看法并不是那么离谱。

1977年,在鲁本斯400周年诞辰之际,一幅由他绘制的炭笔素描自画像,也是一幅非常稀有和隐私的、他最后岁月中的自画像,得到了揭裱(图123)。在绘画的背后,发现了另一幅素描。一位裸女紧挨着男子,几乎使其认不出(图124)。(显然这一纸本一开始尺幅很大:那幅自画像,正如背后上部被裁去的裸女右下角是用墨水画的所显示的那样,是从一幅更大尺幅的纸本上裁剪下来的;那对拥有多种姿态手臂的情侣,虽然上部被裁掉了,也许是为了匹配裁剪后的尺幅。)

为了以防对正反两面素描之间关系的怀疑,还有一个有意思的与之相关的例证,也是一幅新发现的自画像。鲁本斯把他用双色炭笔绘制的第一任妻子伊莎贝拉的头像翻过来,并在另一面画了他的家庭群体肖像,包括他自己,他的第二任妻子海伦娜,还有他们年轻的儿子尼古拉斯(图121、图122)。可以假设鲁本斯一开始在17世纪20年代画的是对伊莎贝拉的写生,然后在30年代把画纸翻过来画下了他的第二次组成的家庭的成员。不过,会不会伊莎贝拉是后来画上去的,当他在30年代有了新家庭的时候,过去的记忆被唤醒了?不管历史究竟如何,从画在纸张两面的两位先后与

图121 《伊莎贝拉·布朗特》，黑、红、白炭笔，薄涂颜色，38.1×29.5cm，伦敦大英博物馆

图122 《和海伦娜·福尔芒的自画像》，黑炭笔（图121的背面）

他结婚的女子的并置来看，这一纸本显然是表达了一种双重的珍视。

不过我们这里所考虑的那幅自画像纸本并非是哀婉的：在纸张的正面，有艺术家衰老的面容、下垂的眼袋，甚至在笔法上确有虚构；而在纸张的另一面，一名男性与女性发生了肉体碰撞。可以说这名男性的处境——拥抱女性——证明了并非错误地被归结为与鲁本斯有关的那种对占有的欲望。但是他同时也被那个裸体女性所占有，裸女是加冕英雄的胜利女神或是涂抹西勒诺斯让他唱歌的安格勒的姐妹版本。我发现这幅素描是鲁本斯欲望——或许是男性欲望的最终证明，也就是想在创作艺术的过程中与那个对他来说至关重要的女子融为一体。这种欲望表明的不是对另一种经验模式的控制，而是对与另一种经验模式相接触的渴望。这种欲望也许会表现为占有，但是当它涉及一种对欲望客体的认同时，它同时也可以是一种被占有的欲望。因此，它不是一种占有的情欲，而是一种身份认同

图123 《自画像》，黑炭笔，白色高光，20×16cm，英国皇家收藏

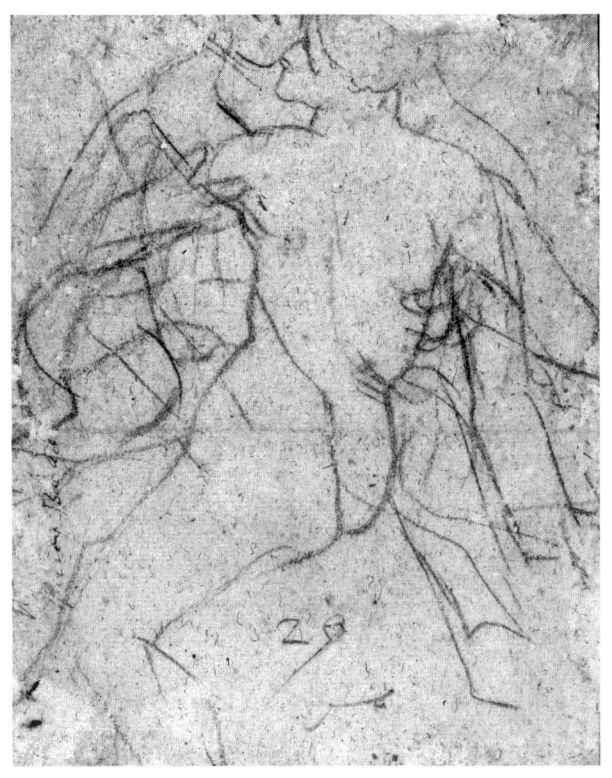

图124 《男女相拥》，黑炭笔（图123背面）

的情欲——男人对女人的认同。如果是这样的话，这种男性的女性主义可以提供一个更为复杂的男性主义观念，以及一个更为复杂的关于男女关系的观念。

正如今天一样，当人们迫切于识别和命名那些具有破坏性的、违戒的和边缘化的人物时，有一种提醒是非常有益的，即身份和身份认同的复杂概念并不是无迹可寻。也许，现在正在被解释为异常的东西，反而是对人性和对理解人性来说最基本的东西。鲁本斯的西勒诺斯，在他直面人类世代和创新的状况时，可以证明这一点。但是，我必须承认，西勒诺斯是一个边缘化的形象。

注 释

缩 写

CDR	*Codex Diplomaticus Rubenianus*, ed. Charles Ruelens and Max Rooses, 6 vols., Antwerp, 1887–1909.
Evers I	Hans Gerhard Evers, *Peter Paul Rubens*, Munich, 1942.
Evers II	Hans Gerhard Evers, *Rubens und sein Werk: Neue Forschungen*, Brussels, 1943.
Held 1986	J. S. Held, *Rubens: Selected Drawings*, 2nd ed., New York, 1986.
KdK	R. Oldenbourg, *P.P. Rubens: Das Meisters Gemälde in 538 Abbildungen*, Stuttgart and Berlin, 1921 (Klassiker der Kunst, 2nd ed.).
Magurn	*The Letters of Peter Paul Rubens*, ed. R. S. Magurn, Cambridge, Mass., 1955.
Muller	Jeffrey Muller, *Rubens: The Artist as Collector*, Princeton, N. J., 1989.
Rooses	Max Rooses, *L'Oeuvre de P. P. Rubens*, 5 vols., Antwerp, 1886–1892.
Rubens-Bulletijn	*Annales de la Commission Officielle instituée par le Conseil Communal de la Ville d'Anvers pour la publication des documents relatifs a la vie et des oeuvres de Rubens*, Antwerp and Brussels, 1882–1910.
Stephan-Maaser	Reinhild Stephan-Maaster, *Mythos und Lebenswelt: Studien zum "Trunkenen Silen" von Peter Paul Rubens*, Münster and Hamburg, 1992.

第一章

1 Svetlana Alpers, "Rubens's *Kermis*: A View of the State of Flanders and the State of Man. A Summary," *Gentse Bijdragen tot de Kunstgeschiedenis*, XXIV, 1976–1978, 5–6.

2 对其工作室的学徒绘画做点睛式处理是鲁本斯通常的做法。他在论述美第奇系列作品时说:"为了在展览馆里的合适的位置(我听说),对整个作品做出调整处理也是必要的。"[Car aussy bien falloit y retoucher tout l'ouvrage ensemble, au lieu propre (j'entends) mis en oeuvre en la galerie mesme](*CDR*, III, 319–320)。但是和伦勃朗的企业正好相反,也许很多看上去像是工作室的作品反而可能出自鲁本斯本人之手!

3 关于路易十四1685年购买的信息见: Rooses, IV, 71。在此之前的历史比较模糊: 1653年, 鲁本斯的"大乡村婚礼"[Een groote boerenbruyloft]被录入属于艺术家/艺术商杰里迈亚·维尔登[Jeremiah Wildens]

的藏品著录的第12号；1657年鲁本斯的"一幅乡村露天集市"［eenen boeren kermisse］，以及一幅副本，出现在了维尔登同父异母姐妹苏珊娜·威廉森斯［Susanna Willemssens］的藏品中，*Bulletijn-Rubens*, v, 5, 309–310；也有人指出《露天集市》是曾被提出的1636年著录中的两幅佛兰德婚礼画中的一幅（Held 1986, p. 146. 我和Held都不能确证这条引文的出处）。

4 John Ruskin, *Notes on the Louvre*, 1849, in *The Works of John Ruskin*, ed. E. T. Cook and Alexander Wedderburn, 39 vols., London, 1903–1912, XII, 470–471.

5 "A peasant bacchanal," Julius Held and Donald Posner, *17th and 18th Century Art*, New York, n.d., 210; "This rustic Bacchanalian scene," Emile Michel, *Rubens: His Life, His Work, and His Time*, tr. E. Lee, 2 vols., London and New York, 1899, 1, 247; "Il a celebré la Vénus rustique des Flandres," Rooses, *Rubens: sa vie et ses oeuvres*, Paris, 1903, 595.

6 Michel, *Rubens: His Life, His Work, and His Time*, I, 321, indexes "love of revolting subjects" as a topic under "Rubens." Jacob Burckhardt, *Erinnerung aus Rubens*, Basel, 1898, 260; *Recollections of Rubens*, tr. Mary Hottinger, London, 1950, 127–128.

7 普拉多博物馆的农民舞蹈，作为"一幅意大利农民舞蹈"［Une danse des paysans Italiens］，被列举在了鲁本斯去世时候所做的著录里，（Muller, p. 115）。正如作品题目暗示的那样，所有农民的面容都做了精细的刻画。妇女们穿着华贵的礼服，鲁本斯在17世纪30年代描绘了同时代的富裕社会，而且至少有两名年轻人带着桂冠或穿着皮衣，符合酒神和他队伍的状况。在这里鲁本斯似乎放弃了佛兰德和德意志的露天集市画的传统，以及这种传统给他带来的麻烦。产生了一个更为连贯的，但不怎么引人入胜的绘画结果。关于这幅画的资料，见Kristin Belkin, *De Vlaamse Schilderkunst in het Prado*, ed. A. Balis, M. Díaz Padrón, C. Van de Velde, H. Vlieghe, Antwerp, 1989, 170–171。

8 《露天集市》被以21幅黑白局部图片的形式出版在了一个非常少见的卢浮宫图书馆的出版物中（J. Dupont, *P. P. Rubens: La Kermesse Flamande*, Brussels and Paris, 1938）。

9 由于缺少确切的证据，关于《露天集市》的创作日期有很多种说法：1620–1623（Evers, I, 248）；1630–1632（Held）；1636（Roose, IV, 71）。也许《露天集市》的创作时间是1631年：1631年鲁本斯买了一幅布劳沃的《农民舞蹈》，而这幅画对于《露天集市》的设计至关重要，并且到了1634年12月鲁本斯写道，三年前他放弃了所有公众绘画的任务（CDR, VI, 81）。这幅画看上去是完全由鲁本斯亲手画的，但画中的风景和静物也有可能是与别人合笔画的，见Held 1986, p. 145。

10 "J'ay perdu en sa personne un des plus grans amys et patrons que j'avoys au monde comme je puis tesmoigner par une centurie des ses lettres."（因为他的故去，我失去了这个世界上最伟大的朋友和赞助人，我可以用他写给我的一百封信件来证明。）（CDR, V, 340; Magurn, p. 369）

11 原始的信件是于1631年1月13日用意大利语写给Jan Woverius的（Magurn, pp. 370–371；未收录在CDR）。

12 见John Rupert Martin, *The Decorations for the Pompa Introitus Ferdinandi*, Corpus Rubenianum Ludwig Burchard, XVI, London and New York, 1972, 还有Elizabeth McGrath, "Rubens's *Art of the Mint*," *Journal of the Warburg and Courtauld Institutes*, XXXVII, 1974, 191–217, 还有 "Le Déclin d'Anvers et les Décorations de Rubens pour L'Entrée du Prince Ferdinand en 1635," in *Les Fêtes de la Renaissance III*, ed. Jean Jacquot and Elie Konigson, Paris, 1975, 173–186。

13 为了让"工业"和科摩斯作为积极形象而营造舞台，鲁本斯打断了"繁荣"引向"无节制""狂妄""贫穷"再到"工业"这样的传统次序。伊丽莎白·麦格拉斯向我提议至少有两个先例，在安特卫普举行的城市庆典把"无节制"/酒神狂欢作为积极面来庆祝：(1)在1661年的戏剧庆典中和平的结果被出版物描绘成美惠三女神与酒神和维纳斯在一起（*Spelen van Sinne*, Antwerp, 1562, fol. Tt ii[v]）；(2) 1566年安特卫普的城市庆祝游行，庆典图像富足流油的厨房被安排跟在了战神消失的后面（见Sheila Williams and Jean Jacquot, "Ommegangs Anversois du Temps de Bruegel et de van Heemskerk," in *Fête et Cérémonies au temps de Charles Quint*, Paris, 1960, 361–362）。

14 关于这幅画的家庭元素和鲁本斯的酒神狂欢图像,见 Lisa Rosenthal, "The *Parens Patriae:* Familial Imagery in Rubens's *Minerva Protects Pax from Mars*," Art History, 12, 1989, 22–38。

15 见 Adriaan Verhulst, *Précis de L'Histoire Rurale de la Belgique*, Brussels, 1990。

16 扬·勃鲁盖尔是鲁本斯的同事兼好友,并且是大卫·滕尼尔斯的岳父,他也提供了从领主角度看待农民的绘画先例。他所绘制的阿尔伯特和伊莎贝拉参加乡村婚礼与舞蹈(普拉多,马德里)显示了当时统治者的公众政策,以及画家在维持这种政策时所扮演的角色。不过滕尼尔斯为鲁本斯作为(有潜质的)廷臣和(实际上的)画家/地主所处的社会地位,提供了一个近例。关于滕尼尔斯的住宅在佛兰德乡村官邸社区中的微妙见解,见 Faith Paulette Dreher, "David Teniers II Again," Art Bulletin, LIX, 1977, 108–110, 还有 "The Artist as Seigneur: Chateaux and Their Proprietors in the Work of David Teniers II," Art Bulletin, LX, 1978, 682–703;

鲁本斯对于第二任妻子的选择的解释是:"我娶了来自可靠却只是中产家庭出身的年轻妻子,虽然大家都劝我选择一种宫廷式的婚姻。可是我却担心自尊心,这种贵族所传承的缺陷,尤其对于贵族女性,这就是为什么我选择一位不会因为看到我拿起画笔而羞愧的人的原因。并且说真的,要让我为了取悦一个老女人而用无价的自由来交换,这是非常困难的。"(CDR, VI, 82)[E presi una moglie giovine di parenti honesti pero cittadini benche tutti volevano persuadermi di casarme in corte ma io temeva commune illud nobilitatis malum superbiam praesertim in illo sexu, et percio mi piacque una che non s'arrosserebbe vedendomi pigliar li penelli in mano et a drie il vero il tesoro della pretiosa libertà mi parve duro di perdere col cambio delli abracciamenti di una vecchia.](Magurn, p. 393)

17 新娘的桂冠,显然证实了所描绘的对象是一场乡村婚礼,见 Emil Kieser, "Die Rubensliteratur seit 1935," Zeitschrift fur Kunstgeschichte, 10, 1941–1942, 312, 同样记录见 Hella Robels, "Die Niederländische Tradition in der Kunst Rubens," Inaugural-Dissertation, Cologne, 1950。

18 关于《露天集市》中舞者间的关系,以及为此所作的草图,还有在《膜拜维纳斯》中的跳舞的萨提神/森林仙女,见 Held 1986, 145–146。关于这三幅绘画的断代的多种原因,从1630年开始到1635年结束,见 *Peter Paul Rubens: Ausstellung zur 400. Wiederkehr seines Geburtstages*, Vienna, 1977, 127–132。关于酒神狂欢/田园牧歌式关联的例子是鲁本斯在对提香《酒神祭的狂欢》临摹时的改动,即把远山处的休息的牧羊人换成了河神。

19 贺拉斯的译文来自 Steele Commager, *The Odes of Horace: A Critical Study*, New Haven, Conn., 1962, 90。Commager 认为 Libero/Liber 或是酒神是一语双关,这种用词方式与鲁本斯对图画模式的充分利用是呼应的。

20 多米埃的摹本,签名日期为1848年,就在1950年巴黎跳蚤市场刚被发现后不久,毁于一次火灾,见 Jean Adhémar, *Daumier*, Paris, 1954, pl. 27。

21 CDR, VI, 237.

22 布拉克对于毕加索的评语是在他们一起合作的年岁之后给出的,大概是在"一战"之后(引自 Theodore Reff, "The Reaction Against Fauvism: The Case of Braque," in *Picasso and Braque: A Symposium*, New York, 1992, 38)。

23 关于鲁本斯家庭的大体情况,见 P. Génard, *P. P. Rubens: aanteekeningen over den grooten meester en zijne bloedverwanten,* Antwerp, 1877, pp. 224ff.中关于扬·鲁本斯以及克莉丝汀·冯·迪茨的问题;关于扬·鲁本斯的婚外情,见 Hans Kruze, "Wilhelm von Oranien und Anna von Sachsen. Eine fürstlichen Ehetragödie des 16 Jahrhunderts," Nassauische Annalen, Jahrbuch des Vereins für Nasssauische Altertumskünde und Geschichtsforschung, 54, 1943, 59ff., 详细的还有 Hans Kruse, "Christine von Diez, die natürliche Tochter des Jan Rubens und der Prinzessin Anna von Sachsen, Der Gemahlin Wilhelms I. von Oranien, und ihre Nachkömmlinge," Siegerland, 1937, 135–140。

24 见 Michael Jaffé, *Rubens and Italy*, Ithaca, 1977; 关于绘画技法见 Hubert von Sonnenburg and Frank Preusser, *Rubens: Gesammelte Aufsätze zur Technik*, Munich, 1979。如果能够在此引用鲁本斯在一封信件中所夸耀的,

也是经常被引用的——他认为整个世界都是他的国家,那会更好。他也许就是这么想的,但是这段话是在一个特殊的场景中以提升自我形象为目的而说出来的。他要把他和那些伟大的统治者(英国的查尔斯王子和西班牙的玛丽公主)区别开来,因为那些统治者间的关系非常冷漠,而与之相对的是,鲁本斯希望在任何地方都受到欢迎,"不过我听过我把所有人都当作来自我祖国的人,并且我想我会在任何地方都受到欢迎"[Mais, j'entends (ceteris partibus) que j'estime tout le monde pour ma patrie; aussi je croy que je serois le très bien venu partout](CDR, III, 320)。

25 鲁本斯显然用意大利语或意大利术语来讨论艺术,甚至在和像西奥多·梅耶内爵士这样的懂荷兰语,并且写过一部非常有价值的绘画技法手卷的英国医生交谈时,也是这样。见Hugh Trevor-Roper, "Mayerne and his Manuscript," in *Art and Patronage in the Caroline Courts: Essays in Honour of Sir Oliver Millar*, ed. David Howarth, Cambridge, 1993, 272。

有时鲁本斯也会用拉丁文或意大利文给画作签字(Held 1986, 38-40)。但是佛兰德语似乎被保留用在了记录关于一些特别的素描、视觉和绘画的内在考虑,比如光和色彩。

关于他给助手用佛兰德语写的最后一封信,见CDR, VI, 281-282; Magnurn, p. 415。

26 *CDR*, III, 295。

27 见Martin, *The Decorations for the Pompa Introitus Ferdinandi*; Kristin Lohse Belkin, *The Costume Book*, Corpus Rubenianum Ludwig Burchard, XXIV, London and Philadelphia, 1978; Muller, pp. 44, 63-64, for apossible portrait gallery. 我要感谢玛格丽特·卡罗尔对我提出的关于封建义务的建议,她指出鲁本斯据此为玛丽·美第奇做出了辩护(*CDR*, v, 406; Magurn, p. 376)。

28 关于更多的荷兰人的引文,见*Fragment eener Autobiographie van Constantijn Huygens*, ed. J. A. Worp, *Bijdragen en Mededeelinghen van het Historisch Genootschap*, XVIII, 1897, 71-72; 见*CDR*, IV, 375。

29 关于约阿希米的报告和多尔切斯特的信件,见*CDR*, v, 277-279, 288-289。还可见Hans Gerhard Evers, "Der Besuch von Rubens beim Holländischen Gesandten Albrecht Joachimi am 5 März 1630," in Evers II, 289-297。对于两者之间不可调和的分歧,埃弗斯[Evers]的观点是鲁本斯倾向于和平的立场,而约阿希米更倾向于狭隘地保护荷兰人。

30 *CDR*, VI, 233-234。这幅绘画大概就是鲁本斯著录中的第94号"Un berger caressant sa bergere"[牧羊人爱抚牧羊女]现存于慕尼黑的Alte Pinokothek(老绘画陈列馆),见Muller, p. 114。

31 关于谋反贵族的首领Aerschot公爵,听说女大公让鲁本斯作为钦差给了他去海牙的特别护照,对鲁本斯非常愤怒的事情,见*CDR*, VI, 34-35。关于现代历史对语言民族国家主义(它本身取代了混杂的宗教国家主义)的同情观点,见Pieter Geyl, *The Netherlands in the 17th Century*, 2nd ed., London, 1961, 94ff。

32 见Svetlana Alpers, "Bruegel's Festive Peasants," *Simiolus*, 6, 1972-1973, 161-163; Margaret D. Carroll, "Peasant Festivity and Political Identity in the Sixteenth Century," *Art History*, 10, 1987, 289-314。关于解释的问题——农民作为不良举止的代表或例子——现在仍然被激烈讨论:例如,见*Literatur und Volk im 17. Jahrhundert: Probleme populärer Kultur in Deutschland*, ed. W. Brückner, P. Blickle, D. Breuer, Wiesbaden, 1982。

33 关于语言的历史,见B. C. Donaldson, *Dutch: A Linguistic History of Holland and Belgium*, Leiden, 1983; 关于利普修斯的新教和政治立场,见Mark Morford, *Stoics and Neostoics: Rubens and the Circle of Lipsius*, Princeton, 1991; 关于对于佛兰德语的态度冲突,见H. Pirenne, *Histoire de Belgique*, IV, Brussels, 1911, 453-460, 他引用的是1653 *Questiones quod libeticae of Geulinx*; Guilliam Ogier, *De Gulsigheydt*, ed. Willem van Eeghem, Antwerp, 1921。

34 见Benedict Anderson, *Imagined Communities: Reflections on the Origins and Spread of Nationalism*, 2nd, rev. ed., London and New York, 1991 (first published 1983); E. J. Hobsbawm, *Nations and Nationalism Since 1780: Programme, Myth, Reality*, Cambridge and New York, 1990。

35 画家、商人、被封为骑士的地主:鲁本斯的社会地位是综合性的,不属于任何单一的阶层。关于不同的观点，见Martin Warnke, *Kommentare zu Rubens*, Berlin, 1965。

36 在1632年3月4日，布劳沃和鲁本斯同一位名叫Daniel Dagebroot的画商签署了一份文件，在这里布劳沃证明他只画过一幅《农民舞蹈》，而鲁本斯证明他在一年前买了这幅画；见*Rubens-Bulletijn*, IV, 200–201。关于鲁本斯收藏的布劳沃的"一幅在风景中的农民舞蹈"[Une dance des villageois en un paysage]，见Muller, p. 141。这幅绘画已佚。虽然，关于它的记录存在于一幅农民舞蹈的素描稿中，有Matthijs van den Bergh于1659年的签名，上面说原创者是"Adriaen Brouwer haerlemiensis"（图33）。关于布劳沃，见Konrad Renger, *Adriaen Brouwer und das niederländische Baurngenre 1600–1660, Miteinem Beitrag zu Brouwers Maltechnik von Hubertus von Sonnenburg*, Munich, 1986。

37 有意思的是，鲁本斯拥有勃鲁盖尔、扬·凡·艾克和卢卡斯·凡·莱顿等北方画家的作品，他却没有收集16世纪那些像格萨尔或佛洛瑞丝那些与前辈相比更受意大利风格影响的画家的作品；见Muller, pp. 11–13。

38 关于这幅画的大体情况还有签名，见Held 1986, 99, 145–146。

39 这幅《露天集市》曾被红外线探照过，但是没有经激光探照。虽然它的尺幅很大，但是证据表明它的材料结构——底层是油画颜料，没有草稿——与鲁本斯的素描更为接近，而不是他的油画。一对酒醉者就被画在音乐家的左边，在中心处的树下，这也许显示了鲁本斯起稿时人物的样子。伊丽莎白·麦格拉斯向我提议另一幅实验性质的画有小型人物的是《查尔斯五世征服突尼斯》（78×123cm，柏林）。

40 Roger de Piles, *Abregé de la vie des Peintres ... et un Traité du Peintre parfait, de la connaissance des Desseins, & de l'utilitré des Estampes*, Paris, 1699, 68, 67。这里"liberté"的意义在当时并没有被强化。见*Le Grand Dictionnaire de L'Académie Françoise*, 2nd ed., Paris, 1695, s.v. "Liberté"："Facilité heureuse, disposition naturelle. Grande liberté d'action. La liberté de la langue. La liberté de la parole" etc。

第二章

1 John Ruskin, "Notes on the Louvre," in *The Works of John Ruskin*, ed. E. T. Cook and Alexander Wedderburn, 39 vols., London, 1903–1912, XII, 470–471。

2 见*Rubens-Bulletijn*, II, 166, 菲利普·鲁本斯给罗歇·德·皮尔寄去的回忆录，里面列举了鲁本斯在17世纪30年代绘制的一幅画，被称为《会谈》[la Conversation]。这一名称也通常被拓展为"会谈模式"[Conversatie à la mode]，在后面的安特卫普著录中重复出现。关于认为鲁本斯自己是从法国绘画中得到启发的观点，请见Elise Goodman, *The Garden of Love as "Conversatie à la Mode,"* Amsterdam and Philadelphia, 1992。似乎这是一种反馈，鲁本斯对法国艺术的偏爱得到了回归，虽然通过一种不同的形式，即法国的审美对他艺术的偏好。关于其整体情况，请见*Rubenism*, catalogue of an exhibition of the Department of Art, Brown University, Rhode Island School of Design, 1975。

3 华托对绘画的改造始于画有妇女的素描，其反面被他用来画这位女子的舞蹈，见*Fêtes Vénitiennes* (K. T. Parker and J. Mathey, *Antoine Watteau: Catalogue complet de son oeuvre dessiné*, 2 vols., Paris, 1957, no. 893)。

4 关于德·皮尔的多部关于黎塞留藏品的出版物纲要，见Bernard Teyssèdre, "Une Collection française de Rubens au XVIIe siècle: Le Cabinet du duc de Richelieu décrit par Roger de Piles (1676–1681)," Gazette des Beaux-Arts, viième, LXII, 1963, 241–300; and, more generally, his *Roger de Piles et les débats sur le coloris au siècle de Louis XIV*, Paris, 1957。关于鲁本斯传记主要来源的菲利普·鲁本斯与德·皮尔的通信，见*Rubens-Bulletijn*, II, 157–175。

5 罗歇·德·皮尔关于艺术的出版物顺序如下：Charles-A. Dufresnoy, *De Arte Graphica-L'Art de la peinture, traduit en François avec des remarques* [by de Piles], Paris, 1668; *Dialogue sur le coloris*, Paris, 1673; *Conversations sur la connaissance de la peinture*, Paris, 1677; *Dissertations sur les ouvrages des plus fameux peintres*, Paris, 1681;

Abrégé de la vie des peintres, Paris, 1699, 2nd ed., 1715; Cours de peinture par principes, Paris, 1708。

6　Bernard Teyssèdre, L'Histoire de l'art vue de grand siècle: Recherches sur l'Abrégé de la vie des peintres, par Roger de Piles (1699) et ses sources, Paris, 1964.

7　Abrégé de la vie des peintres, 545.

8　见 Thomas Puttfarken, Roger de Piles' Theory of Art, New Haven and London, 1985。

9　Dialogue sur le coloris, 25.

10　Cours de peinture par principes, 3.

11　Dialogue sur le coloris, 69.

12　Dialogues sur le coloris, 5.

13　Dialogue sur le coloris, 67.

14　Cours de peinture par principes, 3 and 6.

虽然需要承认，这不公平，但它符合我把德·皮尔对艺术的看法分为两个互相独立部分的目的：一部分考虑到观众，而另一部分则是关于如何看待绘画。他所倡导的真实绘画的观众体验与他所谓的"倾向"〔disposition〕，或是他所说的作品的"整体"〔l'économie du tout-ensemble〕之间很难有或符合逻辑的一致性。不过这两者与我们今天所说的那种对图画的兴趣有关。图画创作是他对"美丽的装扮"〔le beau fard〕的第二层运用范围。德·皮尔在他的《法则》里收录了对一组球和一串葡萄的刻画，没有作为观众受到绘画震撼的一个例子来介绍，而是被用来支持"整体"这一观点。在视觉的场景中使用球或葡萄来证明我们如何观看并不出彩。但是德·皮尔使用球和葡萄来激进地提出"绘画整体性"可以独立于被描绘物体而构成。虽然德·皮尔没有赞同夏尔丹〔Chardin〕对视觉的实践性的理解，但是对"整体"的定义和刻画是由夏尔丹对图像创作的关注，以及夏尔丹对模棱两可的绘画，把普通事物变得令人惊叹的创作实践所组成的。

最近的两种不同的对德·皮尔的研究就针对了这些观点——一种是内向型的，从绘画的整体性的角度对绘画做了研究；一种则是外向型的，从解释绘画面对观众且把观众引导进入会谈的角度入手。关于德·皮尔对于绘画创作的提议，见 Puttfarken, Roger de Piles' Theory of Art. 关于外向型的研究，见 Jacqueline Lichtenstein, La Couleur éloquente, Paris, 1989, Engl. Tr., The Eloquence of Color: Rhetoric and Painting in the French Classical Age, Berkeley, 1993. 关于德·皮尔对观众的绘画体验，我与 Lichtenstein 基本达成一致。不过她关注的是德·皮尔对绘画定义的哲学背景，而我所感兴趣的是其绘画背景，以及它在法国后来的影响。

15　Cours de peinture par principes, 10. 并不清楚以下哪一幅现存的油画是德·皮尔所描述的他所购买的那幅，可能这些都不是：The Kitchen Maid, National Museum, Stockholm; Girl at a Window, Dulwich Picture Gallery, London; A Girl with a Broom (Carel Fabritius? Rembrandt workshop?), National Gallery of Art, Washington, D. C.; Young Woman at an Open Window (Samuel van Hoostraten? Rembrandt Workshop?), The Art Institute, Chicago。有意思的是前面三幅在18世纪的时候都在法国。见 Görel Cavalli-Björkman, "Rembrandt's Kitchen Maid. Problems of Provenance and Iconography," and Arthur Wheelock, "A Girl with a Broom: A Problem of Attribution," in Rembrandt and his Pupils, Stockholm, 1993, 68–76 and 142–155.

16　Cours de peinture par principes, 12–13.

17　德·皮尔打算为他1677年的《交谈》写一本续集，他认为是他从《色彩对话》〔Dialogue sur le coloris〕开始的一系列以对话形式写成的文章的一部分；见 Teyssèdre, Roger dé Piles et les debats sur le coloris au siècle de Louis XIV, 647。

18　Cours de peinture par principes, 3.

19　Dialogue sur coloris, 64.

20　关于与讨论色彩所产生的情色暗示有关的德·皮尔对传统修饰手法的具体案例，见 Lichtenstein, The Eloquence of Color。

21　关于法国文艺文化中以会谈模式为中心的情况，Marc Fumaroli发表了很多著作，比如 *Le Genre de genres littéraires français: La Conversation*, The Zaharoff Lecture for 1990-1991, Oxford, 1992。关于新的会谈式贵族文化及女性在这里所扮演的角色，见Carolyn C. Lougee, *Le Paradis des Femmes: Women, Salons and Social Stratification in Seventeenth-Century France*, Princeton, N. J., 1976, 还有 Elizabeth C. Goldsmith, *"Exclusive Conversations": The Art of Interaction in Seventeenth-Century France*, Philadelphia, 1988。关于会谈和爱情的绘画取代武装的力量，还有从爱情中甚至从黛安娜女神那里得到的新欢愉，见Katie Scott, "D'un siècle à l'autre," 还有Stephen Z. Levine, "Voir ou ne pas voir: le mythe de Diane at Actéon au XVIII siècle," in *Les Amours des dieux: La Peinture mythologique de Watteau à David*, ed. Colin Bailey, Paris and Fort Worth, 1991, xxxii-lii and lxxiii-xcv。不过关于对于女性而言会谈模式的限制，见Claude Dulong, "De la Conversation à la Création," in *Histoire des femmes en Occident*, 3, XVI-XVIII Siècle, ed. Natalie Zemon Davis and Arlette Farge, Paris, 1991, 403-425。

22　"Car les sept première figure [sic] à main gauche vous diront tout ce qui est icy escrit et tout le reste est de la mesme estoffe: lisés l'istoire et le tableau, afin de cognoistre si chasque chose est apropriée au subiet" (Ch. Jouanny, *Correspondance de Nicolas Poussin*, in *Archives de l'art français* n. s. v, 1911, 21)。

23　Anthony Blunt, *Nicholas Poussin*, 2 vols., New York, 1967, I, x。关于普桑作为画家的行为的反对观点，见Michael Podro, "Depiction and the Golden Calf," *Philosophy and the Visual Arts*, ed. Andrew Harrison, Dordrecht, 1987, 3-21; and Oskar Bätschmann, *Nicolas Poussin: Dialectics of Painting*, London 1990 (first German ed., 1982)。

24　关于圣帕拉耶对艺术的见解，见Lionel Gossman, *Medievalism and the Ideologies of the Enlightenment: The World and Work of La Curne de Sainte-Palaye*, Baltimore, 1968, 127ff。

25　E. H. Gombrich, "Norm and Form: The Stylistic Categories of Art History and their Origins in Renaissance Ideals," in *Norm and Form: Studies in the Art of the Renaissance*, London, 1966, 81-98。

26　Diderot, *Salons*, 4 vols., ed. Jean Seznec and Jean Adhémar, Oxford, 1963, III, 76 and 189-190。关于狄德罗对表达和接受的思考，见Michael Fried, *Absorption and Theatricality: Painting and Beholder in the Age of Diderot*, Berkley, 1980, 115-117。

27　"Mettons à part tous les principes de l'art; il disparait ici, et ne laisse apercevoir que la nature même" (an anonymous critic quoted by Thomas Crow, "The Oath of the Horatii in 1785," *Art History*, I, 1978, 430)。

28　Richard Verdi, "Poussin's *Eudamidas*: Eighteenth Century Criticism and Copies," *Burlington Magazine*, CXIII, 1971, 512-524。

29　Carol Ducan, "Ingres' *Vow of Louis XIII* and the Politics of the Restoration," in *Art and Science in the Service of Politics*, ed. Henry A. Millon and Linda Nochlin, Cambridge, 1978, 84。

30　这个问题在这本图录 *Les Amours des dieux*, ed. Bailey所记录的展览上可以被看到。

31　Ferdinand de Saussure, *Course in General Linguistics*, tr. Wade Baskin, New York, 1966。基于索绪尔在1906至1911年间的讲座笔记，在他去世后出版于1915年。Heinrich Wölfflin, *Kunstgeschichtliche Grundbegriffe*, Munich, 1915。

32　关于沃尔夫林的非个案阅读，见Michael Podro, *The Critical Historians of Art*, New Haven and London, 1982。

第三章

1　关于古代的西勒诺斯，见Pauly-Wissowa, *Realencyclopaedie der Klassischen Altertumswissenschaft*, Stuttgart, 1894-1937, s. v. "Silenos und Satyros." For the comic figure, Ovid, *Ars Amatoria*, I, 535-546, *Fasti*, I, 399ff., III, 745ff., and VI, 333ff.; 关于西勒诺斯被农民俘获带到弥达斯国王那里的描述，见Ovid, *Metamorphoses*, XI, 90ff., also, among others, Philostratus, *Imagines*, I, 22。关于他预知真相的悲观形象，即最好的事物无法诞生，而接近最好的事物即将死亡，见Xenophon, Theopompus, and Sophocles in *Oedipus at Colonnus* and more。在

被牧羊人/森林仙女束缚后所唱的诗歌大体上构成了维吉尔的第六田园诗。古代关于西勒诺斯的文献都存于大量的酒神文献中。对此带有文献列表的概论,见 *Masks of Dionysus*, ed. Thomas H. Carpenter and Christopher A. Faraone, Ithaca, 1993。

2 这里引用的作品按顺序排列：(1) *Silenus Carried by a Satyr and Two Fauns*, after Mantegna, Louvre, Paris (drawing) (as drawing by another hand corrected by Rubens, *Rubens Cantoor: een verzameling rekeningen onstaan in Rubens' atelier*, Antwerp, 1993, 222, n. 6); (2) *Bacchanal with Silenus*, with Jan Bruegel (?) after Mantegna, Pommersfelden (painting); (3) *Drunken Silenus*, after Annibale Carracci, Chatsworth, Devonshire Collections (drawing); (4) *Dream of Silenus* (also called a Satyr), Akademie, Vienna (painting); (5)*Bacchanal*, formerly Hermitage, St. Petersburg, moved to Pushkin Museum, Moscow, in 1930 (painting); (6) Workshop of Rubens, *Drunken Silenus*, National Gallery, London (painting); (7) *Drunken Silenus*, Alte Pinakothek, Munich (painting); (8) (Workshop) *Drunken Silenus*, Gemäldegalerie Alte Meister, Schloss Wilhelmshöhe, Kassel (painting); (9) *Drunken Silenus*, Palazzo Durazzo-Pallavicini, Genoa (painting); (10) *Nymphs and Satyrs*, Prado, Madrid (painting); (11) *Nature Adorned by the Graces*, Corporation Art Gallery, Glasgow (painting); (12) *The Triumph of Bacchus*, Boymans-Van Beuningen Museum, Rotterdam (oil sketch); (13) *Bacchanal*, Palazzo Bianco, Genoa (painting)(confirm as by Rubens after cleaning and conservation; see *Venere e Marte di Pier Paolo Rubens*, Centro Didattico di Palazzo Bianco, Quaderno no. 8, Genoa, 1986)。

3 维吉尔系列素描如下：(1) *Bacchanal*, Antwerp, Stedelijk Prentenkabinett, 当这幅画还是凯吕斯伯爵收藏的时候被铭记为凡·代克的作品。这幅画是否是被剥皮的玛尔叙阿斯 [Marsyas] 而不是被捆绑的西勒诺斯呢？这可以是鲁本斯风格的一幅通用的再现形式, 可以被认为同样适用于两种场景。和西勒诺斯一样, 玛尔叙阿斯是酒神的追随者, 也是一位艺术家, 他擅长吹奏笛子。还有, 他和西勒诺斯一样在柏拉图的《会饮篇》中被亚西比德引用来描绘苏格拉底。这种权衡被安托万·夸佩尔的西勒诺斯和安格勒别至西勒诺斯一端, 因为他的画作显然基于的是当时还在凯吕斯伯爵藏品中的那幅鲁本斯的素描 (图109); (2) *Silenus, Aegle, and Other Figures*, Windsor Castle. See Evers II, 223ff., and Held 1986, 90, no. 53, and 101, no. 81。

4 根据Palomino的说法, 里贝拉的《酒醉的西勒诺斯》是为Gaspar de Roomer, 一位生活在那不勒斯的佛兰德的商人所绘。根据这幅画所作的版画年代为1628年。

那位在鲁本斯绘画中陪伴着西勒诺斯的黑人 (或者更准确地说是一位埃塞俄比亚人, 如伊丽莎白·麦格拉斯在即将出版的研究中指出的那样) 首先出现在他的背后, 显然在搀扶他, 见《赛雷斯女神崇拜自然》(图69)。(他的头像是鲁本斯在木板油画上研究了四次的那个特殊男子, 现在这幅画已经被转移到了布面上, 在布鲁塞尔皇家美术博物馆中。) 虽然那个黑人的手臂一定穿过他本身和西勒诺斯, 但是画没有多少空间可以容纳他身体的剩余部分。对于许多观众而言进一步支持这一观点的似乎指向了慕尼黑绘画中那一对重新被塑造的男子。

如果有古代权威的文字或图像提到像这样的肛交的话, 那么就肯定会出现围绕古代同性恋、强奸和其他性行为的多种研究。老年男子和少男恋人间的性行为被视为荣耀, 但不会被再现, 与之形成对比的是, 对于男妓们和妓女们之间的许多性行为, 包括肛交, 却有着特定的兴趣。(一些黑彩陶瓶上显示了年轻男子之间的肛交, 而且据说这是为了伊特鲁里亚的市场而不是雅典的市场!) 即便有神话世界中的萨提神作为保障, 像这样对男同性恋行为的描绘仅是少数。最初的现代文章是 K. J. Dover, *Greek Homosexuality*, Cambridge, Mass., 1989, first published in 1979, 也见 H. A. Shapiro, "Eros in Love: Pederasty and Pornography in Greece," in *Pornography and Representation in Greece and Rome*, ed. Amy Richlin, New York and Oxford, 1992。

尽管有古代的例证, 格拉斯哥的画作 (图69) 所给予的支持, 已经变成了一种荒诞的侵略或强奸, 这重复出现在那对发情的山羊上。鲁本斯的创新拓展或强化了对西勒诺斯的嘲讽。通过一种黑色幽默, 这与引发他创作状态的酒的明显作用统一起来。

5 "Vne piece d'un Silene enyuré [sic] auec des Satyres & autres figures," 或英语版本中的 "酒醉的西勒诺斯"，是威廉·帕尼尔斯［William Panneels］在1628至1630年鲁本斯离开官邸时的作为看护人的助手，所记录下来的鲁本斯作品清单里的第170号作品，这幅画位于小客厅里："vanden selenis van rubbens dit int saelkent stoent"，见 *Rubens Cantoor*, 170. 之后它被记录成为黎塞留公爵的藏品（这幅西勒诺斯有时会被混淆为现在藏于俄国的那幅酒神狂欢图，那幅酒神图也同样是黎塞留的藏品，是鲁本斯的侄子菲利普·鲁本斯从遗产中继承而来的）；1716年，这幅画在德国的杜塞尔多夫，1806年从那里的美术馆被运到了慕尼黑。它的尺寸为212×213cm。

关于这幅画分三个阶段制作的发现，见Hubert von Sonnenburg and Frank Preusser, *Rubens: Gesammelte Aufsätze zur Technik*, Munich, 1979 (first published in *Maltechnik-Restauro*, 2 and 3, 1979).

通常认为这幅画始作于约1617或1618年，但鲁本斯何时完成了制作呢？ 现存于卡塞尔的第一阶段的副本（图79）显示了它不是一次性完成的。1628至1630年的帕尼尔斯素描有西勒诺斯的腿，可以推断绘画至少在第二阶段；见*Rubens Cantoor*, 179 and fig. 74. 鲁本斯肯定在1628至1630年离开之前中断了慕尼黑绘画的创作。菲利普·鲁本斯在与德·皮尔的通信中把它称作 "Le Silenus, 1618" ("La Vie de Rubens par Roger de Piles," *Rubens-Bulletijn*, II, 166.) 这里既可以指这幅画的开始，也可以指这幅画的完成。不过在Stephan-Maaser, p. 296, 指出凡·代克被毁掉的那幅卡塞尔之后阶段的版本（图89）一定断代于1618至1619年之间，当他还是鲁本斯的助手的时候。但是没有证据可以表明慕尼黑图录中的1626年这种断代；见*Alte Pinakothek Munich: Explanatory Notes on the Works Exhibited*, Munich, 1986, 459. 介于1618至1620年似乎是一种比较好的推测。

关于慕尼黑那幅绘画的第一部专著是Reinhild Stephan-Maaser, *Mythos und Lebenswelt: Studien zum "Trunkenen Silen" von Peter Paul Rubens*, Münster and Hamburg, 1992. 这是一部渊博的、具有思想性的、对于鲁本斯制作这幅图画的潜在来源的文字和图片的编纂，有比较纯粹的表述 [*Bildrhetorik*]. 无论是鲁本斯与维吉尔的第六田园诗的关系，还是他再现肉体的风格都没有被讨论。关于早期的研究，见Emil Kieser, "Rubens Müncher Silen und Seine Vorstufen," *Münchner Jahrbuch der bildenden Kunst*, n. f. XII, 1938/9, no. 4, 185–202, and Evers II, 221–248, "Der 'Träumende Silen' der Wiener Akademie," "Nymphen und Satyrn," and "Zu den Silenszügen"; 还有一些关于慕尼黑绘画的重要章节，见Evers I, 201–210, 在这里作者写道，他对鲁本斯的研究始于一篇关于鲁本斯的慕尼黑 "西勒诺斯" 的论文，这幅画也是他1932年Habilitationschrift的研究对象。（由于埃弗斯在第二次世界大战中政策的严重问题，这也解释了为什么他非凡的智慧和精妙的写作通常无法发声。）

6 见Bernard Teyssèdre, "Une Collection française de Rubens au XVII siècle: Le Cabinet du duc de Richelieu décrit par Roger de Piles," *Gazette des Beaux-Arts*, LXII, 1963, 263–264. 这是一部比较容易接触的关于德·皮尔对黎塞留藏品绘画的出版物。

7 鲁本斯向尤尼乌斯写道："... illa quae sub sensum cadunt acrius imprimuntur et haerent, et exactius examen requirunt atq. materiam uberiorem proficiendi studiosis praebent quam illa quae sola imagination tanquam somnia se nobis offerunt et verbis tantum adumbratà ter frustra comprensa (ut Orpheum Euridices imago)" (*CDR*, VI, 179); "那些被观感所接受的事物可以产生一种更明确、更持久的印象，比起那些通过像做梦一样的想象而呈现给我们事物或给我们难以捉摸的词汇（就像俄耳浦斯的欧津狄刻的影子）人，需要深入的观察，并且可以负担得起更丰富的研究材料"（Magurn, p. 407）。

那些原为Prince Agostino Chigi所有，根据德累斯顿的西勒诺斯大理石像而画的素描是：(1) *Silenus* (from the side), British Museum, London (see Held 1986, 81); (2) *Silenus* (from the front), Musée des Beaux-Arts, Orléans. The stumbling *Silenus* drawn after part of the frieze of the Borghese Vase is in the Kupferstichkabinett, Dresden. 关于奥尔良和德累斯顿的素描，见Michael Jaffé, *Rubens and Italy*, Oxford, 1977, 55, 83. 关于西勒诺斯头像们的复制问题，见Julius Held, *Rubens: Selected Drawings*, 2 vol., New York, 1959, I, 160–161 (not in Held 1986).

8 关于鲁本斯和他同时代人所理解的创造力的生理学要追溯到古代典籍。亚里士多德在《问题集》[Problems]第30章（经常因其对忧郁的讨论而被引用）中把在哲学、政治、文学或者艺术中的自然的沮丧和暴躁（或黑胆汁）与喝红酒后的酒醉状态（使血液升温并使身体充满元气）相比较。维吉尔在第六田园诗的l.15所描述的西勒诺斯，他的血管充满了昨天的酒，也许就是一个这样的例子。虽然这些都是前后呼应的，但是鲁本斯对西勒诺斯的刻画显得更为直接地着眼于其肉体。

9 关于鲁本斯家中的标语，见F. Baudouin, *Rubens House: A Summary Guide*, Antwerp, 1967。

关于鲁本斯和饮酒这个话题，他的侄子菲利普·鲁本斯，在给德·皮尔的信中写道："Il ne se donnoit jamais le passetems d'aller dans les compagnies où l'on *buvoit et jouoit*, en ayant toujours eu une aversion ..." (*Rubens-Bulletijn*, II, 165)。德·皮尔（基于此？）记下了："Il avoit neantmoins une grande aversion pour les excès du vin and de la bonne chere, aussi bien que du jeu" (*Conversations sur la connaissance de la peinture*, Paris, 1677, 213–215)。

在鲁本斯的时代，就像大多数的时代一样，喧闹的酒会在道德观念中是消极的。这在关于鲁本斯的文献中就有典型的例证。但是根据鲁本斯为公众规模所作的绘画的印刷品上的标签，并不比那些根据夏尔丹作品所印刷的标签，关于其绘画本质具有更多劝诫的意味。"Ebrietas mentis membrorumque impedit usum, / SILENI ut scite fabula prisca docet/Exaurit nummos, Veneris, Martisque furores/Excitat, et mortem provocat ante diem"; or "Drunkenness hampers the use of the limbs and the intellect, as the old fable of Silenus recounts; it squanders money, stimulates the blind passions of Venus and Mars, and causes premature death." 这个标签贴在了Schelte à Bolswert制作的鲁本斯西勒诺斯素描的版画上，与现藏于慕尼黑的那幅关系不大（除非拿来做对比）。关于这幅版画，见C. G. Voorhelm-Schneevoogt, *Catalogue des estampes gravées d'après P. P. Rubens*, Haarlem, 1893, 135, no. 138。关于提出的它与慕尼黑的西勒诺斯有关系的，见*Alte Pinakothek Munich*, Munich, 1986, 459, entry by Ulla Krempel。关于酒神狂欢标签的道德问题，见Konrad Renger, "Sine Cerere et Baccho friget Venus. Zu bacchischen Themen bei Rubens," in *Peter Pual Rubens: Werk und Nachruhm*, Augsburg, 1981, 105–135; 关于大体的问题，见Elizabeth McGrath, "Rubens's *Susanna and the Elders* and moralizing inscriptions on prints," in *Wort und Bild in der niederländischen Kunst und Literatur des 16 und des 17 Jahrhunderts*, ed. Herman Vekeman and Justus Müller-Hofstede, Erfstadt, 1984, 73–80。关于作为反对禁欲思想的鲁本斯的西勒诺斯，见Martin Warnke, *Kommentare zu Rubens*, Berlin, 1965, 30ff。还见Elizabeth McGrath, "Pan and Wool," in *Papers Presented at the International Rubens Symposium, The Ringling Museum of Art Journal*, 1982, 52–69。

有证据表明"酒神狂欢化"的鲁本斯在他活着的时候被赞扬和模仿。莫斯科的那幅《酒神狂欢》可以归真到17世纪图像画廊和百科式收藏的绘画那一类。这种推崇可以从鲁本斯的临时助手和其安特卫普的继承者Jacob Jordaens的神话作品的不幸继承，一直延续到委拉斯克斯对待鲁本斯的方式。在他所谓的 *Los Borrachos*（酒醉者）中，这是在鲁本斯17世纪20年代对马德里进行外交访问时或不久之后绘制的，委拉斯克斯采用了鲁本斯的酒神狂欢主题以及学习了其白色背景的运用。

10 "可是我不愿意承受压力来完成它，为了让我欢乐地完成它，我希望可以给予我自主和权变。"（Magurn, p. 243）；或是，正如鲁本斯所写的那样："... soude idk niet gheyrne ghepressert syn maer bidde tselvighe te willen laeten tot mynder discretie ende commoditeyt ommet lust wt te vueren ..." (*CDR*, VI, 211)。

11 关于一幅原藏于故去的塞伦尔伯爵的《酒醉的西勒诺斯》的研究，见Held 1986, 113。

12 关于这些鲁本斯绘画步骤和其他绘画的照片，见von Sonnenburg, *Rubens: Gesammelte Aufsätze zur Technik*。

13 关于德·皮尔所写的"聚合的力量"部分："[Silene] est au milieu du Tableau sous la principale lumiere, et entouré d'ombres de part et d'autre, ce que fait d'autant plus paroistre cette figure, qu'elle est peinte et coloriée d'une force et d'n artifice sans pareil. Le Peintre pour fair reüssir son Tableau dans cette intention a placé d'un costé un More qui pince le Silene à la fesse, et dont la couleur jointe aux autres corps ombrez que luy sont voisins, releve celle du Vieillard qui est fort esclairé ... " (Teyssèdre, "Une Collection Française de Rubens au XVII siècle," 263.)

14 这里列举的绘画分别是 Piero di Cosimo's so-called, *The Misfortunes of Silenus,* Fogg Art Museum, Cambridge; Mass., and Giovanni Bellini, *Feast of the Gods,* National Gallery of Art, Washington, D.C.。

15 Giulio Bonasone, *Cum Virtute Alma Concentit Vera Voluptas,* woodcut in Achilles Bocchi, *Symbolicae Quaestiones,* Bologna, 1573, I, no. x. 关于 Achilles Bocchi 的西勒诺斯纹章与相关的新柏拉图态度, 见 Stephan-Maaser, pp. 147-155。虽然柏拉图的知识来源对于他的知识背景非常重要, 但是在新柏拉图作者中占核心地位的论述神圣的疯癫与创新力关系的《斐德罗篇》[*Phaedrus*], 却没有和鲁本斯的西勒诺斯绘画有直接的关系。

16 在他的索引中, 鲁本斯使用的名字是 *Socrates habitu Sileni,* 见 Marjon van der Meulen, *Peter Paulus Rubens Antiquarius: Collector and Copyist of Antique Gems,* Alphen and Rijn, 1975, 156, no. G.79, fig. XVI, b。根据在这些头像的素描上方的艺术家签下的笔记, 这很有可能是一件象牙作品的设计稿。

17 德·皮尔翻译的鲁本斯: "La principale raison pourquoi les corps humains de notre tems sont differens de ceux de l'antiquité, c'est la paresse, l'oisivieté, & lepeu [*sic*] d'exercise que l'on fait: car la plûpart des hommes n'exercent leur corps qu'à boire & a faire bonne chere." (*Cours de peinture par principes,* Paris, 1708, 145-146.)

18 关于《坐着的裸男》素描, 见 Held 1986, 31 and 113, under no. 112。在背后有一签名, 被认为是 Jonathan Richardson Sr. 的, 第一位被记录的拥有者, 签名读作: "Silenus in a Bacchanal, the Picture is in a Gallery Fill'd with Pictures only of Rubens, the Elect. Palatine's at D——"。

19 鲁本斯刻画男女时使用了结实的肉体, 这种实践, 正如实践经常出现的那样, 与他在书写人体理论的笔记本中的记载并不一致。在他那个时代并不让人惊奇, 一开始鲁本斯把刚健的男子形体放在了首位, 并且列举了对最佳艺术家和雕塑家的判别, 首先着眼于, 包括一些别的事物, 把女性的肉体从男性的肌肉系统中区别开来: "La forme virile est la vraie perfection de la figure humane ... pours le corps de la femme ... la chair solide, ferme & blanche, teinte d'un rouge-pale, comme la couleur qui participe du lait & du sang ... Il faut sur-tout éviter avec soin, soit dans ses membres, soit dans ses attitudes, toute roideur & apparence de muscles." 关于鲁本斯已佚的笔记本记录, 见 *Théorie de la figure humaine, considérée dans ses principes, soit en repos ou en movement. Ouvrage traduit du latin de Pierre-Paul Rubens, avec XLIV Planches gravées par Pierre Aveline, d'après les desseins de ce célebre artiste,* Paris, Charles-Antoine Jombert, 1773. Quotations from pp. 9, 50, and 52。我要感谢杰弗瑞·M. 穆勒告诉我这则信息。

20 埃金斯的这封信被收录在 Sylvan Schindler, *Eakins,* Boston, 1967, 18-19。我要感谢威廉·斯特恩 [William Stern] 告诉我这则信息。

21 鲍戈里在这里被谈及: John Richardson, "Paint Becomes Flesh," *The New Yorker,* 13 December 1993, 142。看鲁本斯对曼泰尼亚的西勒诺斯的仿作时, 可能会认为, 尽管有人会知道得更多, 这就是鲍戈里剃头发和体毛, 然后重重地坐在椅子上的那种艺术的源流。

22 夸佩尔的这幅画作是这本书所讨论的一系列作品的其中一幅, 见 *Les Amours des dieux: La Peinture mythologique de Watteau a David,* ed. Colin Bailey, Paris and Fort Worth, 1991, 40-43; 关于凡·洛的《西勒诺斯》见该书的第334—339页。

23 *Flaubert-Sand: The Correspondence,* tr. Francis Steegmuller and Barbara Bray, New York, 1993, 400。

24 关于把他们的创造力与女性身体相关联的男性作家, 见 Katharine Eisaman Maus, "A Womb of his Own: Male Renaissance Poets in the Female Body," in *Sexuality and Gender in Early Modern Europe,* ed. James Grantham Turner, Cambridge, 1993, 266-288。

25 关于艺术家处于绘画的前面, 特别见 Michael Fried, *Absorption and Theatricality: Painting and Beholder in the Age of Diderot,* Berkeley, 1980, and *Courbet's Realism,* Chicago, 1990, and Richard Wollheim, *Painting as an Art,* Princeton, N. J., 1987, in particular Chapter 1, "What the artist does," 39-45。

26 这里所指的那段是来自尼采 *The Birth of Tragedy,* tr. Walter Kaufmann, New York, 1967, 61ff., 42, 45, 50 and 64。

27 关于所谓的鲁本斯摘抄有维吉尔文字的"口袋书", 见 G. P. Bellori, *Vite,* Rome, 1672, ed. E. Borea, Turin,

1976, 266ff.; Michael Jaffé, *Van Dyck's Antwerp Sketchbook*, London, 1966, I, 16–19 and 301。关于他对《埃涅伊德》的引用，正如他所画的那样，见 Elizabeth McGrath in *Splendours of the Gonzaga*, ed. D. Chambers and J. Martineau, London, 1981–1982, 214。

28 麦格拉斯非常友善地没有反对我归纳她尚未出版的书中对这里让人费解的签名款识所做的解释，这句款识曾（未让人信服地）被解读为"vetula gaudens"或一位被逗乐的老妇人。（关于前一种解读，见 Held 1986, 101。）"vitula"这一词汇——出现在第三田园诗的l.85，和之前所采用的"Pierides"接近——被蓬塔努斯注释为与Vitulina，欢乐女神有关，并且指出引自"vitulare graece est voce laetari"，欢乐地长啸或唱出来。通过语言学的关联，vitula与laetitia或gaudium有关，因此鲁本斯的款识"vitula-guad [ium]"就说得通了。但是（这已经不是麦格拉斯的说法了），如果鲁本斯这位拉丁语使用者碰上蓬塔努斯对一特殊词汇的定义，鲁本斯作为田园诗的读者难道不会对蓬塔努斯所解释的维吉尔的原用词更感兴趣吗？在第三田园诗l.85中（蓬塔努斯对这一段的注释使得鲁本斯跟着读到了"Pierides"），维吉尔实际上使用的词是"vitulam"，是"vitula"的宾格，意思是一只被用来做牺牲的小母牛。基于西勒诺斯在素描中被束缚的情形，鲁本斯的款识是否也许还记录了他的西勒诺斯与被捆绑用来牺牲的动物有关？

29 关于西勒诺斯的文学目录汇集，见 Zeph Steward, "The Song of Silenus," *Harvard Studies in Classical Philology*, LXIV, 1959, 179–205; 关于作为酒神狂欢诗人的西勒诺斯，见 Godo Lieberg, *Poeta Creator: Studien zu Einer Figur der Antiken Dichtung*, Amsterdam, 1982 (27–29 for "condere bella"); 更宽泛的关于对于他先知力量的信仰，由一幅被发现的3世纪描绘有西勒诺斯由安格勒与三位年轻人陪伴的镶嵌画可以证实，见 E. de Saint-Denis, "Le Chant de Silène à la lumière d'une découverte récente," *Revue de Philologie*, XXXVII, 1963, 23–40。

30 Sir William Sanderson, *Graphice*, London, 1658, 34; G. P. Bellori, *Vite* (Rome, 1672), ed. E. Borea, Turin, 1976, 267; Delacroix as quoted by Peter Campbell, *London Review of Books*, 28 January 1993, p. 17.

31 关于鲁本斯的《参孙和黛利拉》的大体信息，还有它具体与佩里诺·瓦加的关系，见 Evers II, 151–166, and Julius Held, *The Oil Sketches of Rubens*, 2 vols., Princeton, N. J., 1980, I, 430–435, 也注意到了其中一些人物的相似之处。

32 *CDR*, III, 445; Magurn, p. 136. Walter Melion drew my attention to the curiously double-gendered nature of these remarks.

33 《海格力斯和翁法勒》与《维纳斯和阿多尼斯》在热那亚的藏品中被标注为一对挂屏油画，见 Michael Jaffé, *Rubens in Italy*, Ithaca, 1977, 651。

34 关于针对许多一样的绘画特征的不同解释，见 Lisa Rosenthal, "Manhood and Statehood: Rubens's Construction of Heroic Virtue," *Oxford Art Journal*, 16, 1993, 92–111。

鲁本斯的酒醉的海格力斯和他的酒醉的西勒诺斯之间的相似性可以用来说明辨别被描绘形象的困难性（图64）。见 Hans Mielke and Matthias Winner, *Peter Paul Rubens: Kritischer Katalog der Zeichnungen*, Staatliche Museen Preussischer Kulturbesitz, Berlin, 1977, 112–113。

35 见 Margraret D. Carroll, "The Erotics of Absolutism: Rubens and the Mystification of Sexual Violence," *Representations*, 25, 1989, 3–30, and "Ovid and the *Art of Love*," Chapter 5 of Elizabeth McGrath, *Subjects from History*, Corpus Rubenianus Ludwig Burchard, forthcoming。

图片目录

006　图1　《露天集市》(《农民的节日》),木板油画,149×261cm,巴黎卢浮宫
006　图2　《玛丽·美第奇抵达马赛》,布面油画,3.94×2.95m,巴黎卢浮宫
008　图3　彼得·勃鲁盖尔,《露天的婚庆舞蹈》,木板油画,119×157cm,底特律艺术馆
008　图4　《露天集市》,木板油画,149×261cm,巴黎卢浮宫
009　图5　《露天集市》(图1)细部
009　图6　《露天集市》(图1)细部
009　图7　《露天集市》(图1)细部
009　图8　《露天集市》(图1)细部
010　图9　《露天集市》(图1)细部
010　图10　《露天集市》(图1)细部
011　图11　《露天集市》(图1)细部
011　图12　《露天集市》(图1)细部
014　图13　安托万·华托,《一对跳舞中的情侣》,红炭笔,23.3×14.7cm,巴黎装饰艺术博物馆
015　图14　让·格萨尔,《圣母子像》,木板油画(双联画的左联),41×24cm,罗马多利亚美术馆
015　图15　让·格萨尔,《海神尼普顿和妻子安菲特里忒》,木板油画,188×124cm,柏林国家博物馆
016　图16　《皮毛包裹的海伦娜·福尔芒》,木板油画,176×83cm,维也纳艺术史博物馆
018　图17　《诸婴殉道》,木板油画,199×302cm,慕尼黑老绘画陈列馆
023　图18　西奥多·凡·蒂尔登,仿鲁本斯,《墨丘利场景》,收录在卡斯帕·热尔瓦提乌斯出版的《费迪南德入城仪式介绍》(安特卫普,1642年)
024　图19　《战争与和平》,木板油画,203.5×298cm,伦敦国家美术馆

024	图20	《农业》，约阿尼斯·波奇乌斯出版的《叙述史》（安特卫普，1602年），第195页
027	图21	《拉肯的农场》，木板油画，81.5×127.5cm，英国皇家收藏
028	图22	大卫·滕尼尔斯二世，《露天集市》，布面油画，76×112cm，维也纳艺术史博物馆
029	图23	大卫·滕尼尔斯二世，《安特卫普附近的施特克斯霍夫庄园的一景》，布面油画，82×118cm，伦敦国家美术馆
029	图24	《城堡前的比武》，木板油画，72×106cm，巴黎卢浮宫
030	图25	《斯滕城堡的风景》，木板油画，131×229cm，伦敦国家美术馆
030	图26	《城堡公园》，木板油画，52×97cm，维也纳艺术史博物馆
032	图27	丹尼尔·霍普费尔，《露天集市》，铜版画（两幅），24.4×48.6cm，维也纳阿尔贝蒂娜博物馆
032	图28	《露天集市》习作，红炭笔、黑炭笔、棕色墨水素描稿，50.2×58.2cm，伦敦大英博物馆
033	图29	《跳舞中的情侣》习作，黑炭笔、棕色墨水素描稿（图28的背面）
034	图30	《膜拜维纳斯》，布面油画，217×350cm，维也纳艺术史博物馆
036	图31	《膜拜维纳斯》（图30）细部
036	图32	《露天集市》（图1）细部
039	图33	马泰斯·凡·德尔·贝尔赫，仿阿德里安·布劳沃，《农民舞蹈》，1659年，钢笔素描，21.1×31.5cm，柏林版画素描博物馆
051	图34	阿德里安·布劳沃，《两农民争斗》，木板油画，35×26cm，慕尼黑老绘画陈列馆
054	图35	《农民舞蹈》，木板油画，73×106cm，马德里普拉多博物馆
058	图36	尼古拉·普桑，《弗洛拉的胜利》，布面油画，165×214cm，巴黎卢浮宫
058	图37	《露天集市》，木板油画，149×261cm，巴黎卢浮宫
061	图38	安托万·华托，《一对跳舞中的情侣》，红炭笔，23.3×14.7cm，巴黎装饰艺术博物馆
061	图39	克洛德·奥德朗三世，仿华托，《惊奇》，1731年，铜版画，31.5×41.5cm，伦敦大英博物馆
062	图40	《爱情花园》，布面油画，198×283cm，马德里普拉多博物馆
063	图41	《玛丽·美第奇抵达马赛》（图2）细部
063	图42	安托万·华托，仿鲁本斯的习作，红、黑、白炭笔，19.5×25cm，美国私人收藏
063	图43	安托万·华托，《威尼斯节庆》，布面油画，55.9×45.7cm，爱丁堡苏格兰国家美术馆
070	图44	卡拉瓦乔，《胜利的爱神》，布面油画，156×113cm，柏林画廊美术馆
073	图45	伦勃朗，《厨房的女佣》，1651年，布面油画，78×63cm，斯德哥尔摩国家博物馆
073	图46	拉斐尔，《雅典学院》，湿壁画，梵蒂冈签章室
078	图47	《玛丽·美第奇的加冕》，布面油画，394×727cm，巴黎卢浮宫

078	图48	《玛丽·美第奇的加冕》(图47)细部
078	图49	安托万·华托,《热尔尚的商店招牌》(图50)细部
079	图50	安托万·华托,《热尔尚的商店招牌》,布面油画,163×306cm(原本上部是弯曲的,两边都做了裁剪),柏林夏洛滕堡宫
079	图51	尼古拉·普桑,《天降吗哪》,布面油画,148×200cm,巴黎卢浮宫
079	图52	尼古拉·普桑,《尤达密达斯之死》,布面油画,110.5×138.8cm,哥本哈根丹麦国家美术馆
080	图53	弗朗索瓦·布歇,《朱庇特和卡利斯忒》,1759年,布面油画,56×74cm,堪萨斯城纳尔逊－阿特金斯艺术博物馆,纳尔逊委员会收藏
080	图54	尤斯塔克·勒苏尔,《圣布鲁诺参加雷蒙·迪奥克里的布道》(图片是参加布道,而不是弥留之际),布面油画,193×130cm,巴黎卢浮宫
082	图55	加布里埃尔－弗朗索瓦·杜瓦扬,《圣热纳维耶芙的奇迹》,1767年,布面油画,665×393cm,巴黎圣罗克教堂
082	图56	约瑟夫－马里耶·维安,《圣德尼在法国布道》,1767年,布面油画,665×393cm,巴黎圣罗克教堂
083	图57	雅各－路易·大卫,《贺拉斯兄弟之誓》,布面油画,330×425cm,巴黎卢浮宫
085	图58	雅各－路易·大卫,《拿破仑翻越阿尔卑斯山》,1800年,布面油画,259×221cm,马尔梅松城堡
085	图59	雅各－路易·大卫,《雷卡米耶夫人》,布面油画,173×243cm,巴黎卢浮宫
087	图60	尤金·德拉克洛瓦,《希尔斯岛屠杀》,布面油画,420×350cm,巴黎卢浮宫
087	图61	安格尔,《路易十三之誓》,1824年,布面油画,蒙托邦圣母大教堂
088	图62	尼古拉·普桑,《维纳斯和阿多尼斯》,布面油画,98.5×134.6cm,美国沃斯堡金贝儿艺术博物馆
092	图63	《酒醉的西勒诺斯》,木板油画,205×211cm,慕尼黑老绘画陈列馆
093	图64	《酒醉的西勒诺斯》(或海格力斯),炭笔墨水,27×30cm(纸本的左边部分),尚蒂伊孔代博物馆
093	图65	《酒神狂欢》,木板转移到布面油画,91×107cm,之前藏于圣彼得堡冬宫博物馆,在1930年迁至莫斯科普希金博物馆
093	图66	鲁本斯工作室,《酒醉的西勒诺斯》,布面油画,133.5×197cm,伦敦国家美术馆
093	图67	鲁本斯工作室,《酒醉的西勒诺斯》,木板油画,139×119cm,卡塞尔威廉高地宫老画师作品陈列馆
094	图68	《酒醉的西勒诺斯》,木板油画,118×98cm,热那亚都拉佐－帕拉维奇尼宫
094	图69	鲁本斯和扬·勃鲁盖尔,《格雷斯女神崇拜自然》,木板油画,106.7×72.4cm,格拉斯哥城市博物馆:凯文葛罗夫艺术博物馆
094	图70	《森林仙女和萨提神》,布面油画,136×165cm,马德里普拉多博物馆

095	图71	《酒神的胜利》，木板油画稿，26×41cm，鹿特丹博伊曼斯·范伯宁恩美术馆
095	图72	《酒神狂欢》，木板油画（修复前），128×140cm，热那亚白宫
097	图73	《西勒诺斯被一个萨提神和两个半羊人农牧神抱起》，仿曼泰尼亚，纸本铅笔墨水，24.5×22cm，巴黎卢浮宫
097	图74	《酒神狂欢与西勒诺斯》，(?)和扬·勃鲁盖尔，仿曼泰尼亚，布面油画，109×156cm，波梅尔斯费尔登维森斯坦堡美术馆
098	图75	《酒醉的西勒诺斯》，仿安尼巴莱·卡拉奇，红炭笔和水洗，23.4×21.6cm，德比郡查茨沃斯庄园收藏
098	图76	《西勒诺斯之梦》（也被称为萨提神），布面油画，158×217cm，维也纳美术学院
100	图77	仿胡塞佩·里贝拉，《酒醉的西勒诺斯》，1628年，蚀刻版画
101	图78	《酒醉的西勒诺斯》，布面油画，205×211cm，慕尼黑老绘画陈列馆
101	图79	鲁本斯工作室，《酒醉的西勒诺斯》，布面油画，139×119cm，卡塞尔威廉高地宫老画师作品陈列馆
102	图80	《酒醉的西勒诺斯和大酒杯》，大理石，高103cm，德累斯顿雕塑收藏馆
104	图81	《西勒诺斯》（侧身像），根据古代的大理石雕，黑炭笔，41.3×26.2cm，伦敦大英博物馆
104	图82	《西勒诺斯》（正面像），根据古代的大理石雕，黑炭笔，奥尔良艺术博物馆
104	图83	《西勒诺斯》，根据波盖奇花瓶的雕饰，黑炭笔，29.2×38.3cm，德累斯顿版画和素描博物馆
106	图84	《西勒诺斯》扩展三步骤的还原图
106	图85	《坐着的裸男》，黑白炭笔，43.5×36.8cm，鹿特丹博伊曼斯·范伯宁恩美术馆
106	图86	《酒醉的西勒诺斯习作》，铅笔墨水，29×19.5cm，曾由A.塞伦尔伯爵收藏
108	图87	《酒醉的西勒诺斯》（图63）细部
109	图88	《酒神狂欢》，木板油画转移到布面，91×107cm，曾藏于圣彼得堡冬宫博物馆，1930年迁至莫斯科普希金博物馆
112	图89	安东尼·凡·代克，《酒醉的西勒诺斯》，布面油画，212×266cm（已毁，之前在柏林恺撒·腓特烈博物馆［现名为博德博物馆］）
112	图90	安东尼·凡·代克，《酒醉的西勒诺斯和半羊人农牧神和酒神狂欢队》，布面油画，133×90cm，布鲁塞尔皇家艺术博物馆
112	图91	安东尼·凡·代克，《酒醉的西勒诺斯》，107×91.5cm，德累斯顿画廊博物馆
113	图92	朱利奥·博纳索尼，《密涅瓦和维纳斯和解》，1573年，木刻版画，亚基里·博基出版的《象征调查》
113	图93	《西勒诺斯或萨提神的双面头像》，铅笔和棕色墨水，11×12.7cm，伦敦大英博物馆
114	图94	《酒醉的西勒诺斯》（图79）细部
115	图95	《酒醉的西勒诺斯》（图63）细部

图片目录

117	图96	《和安德鲁斯岛人的酒神狂欢》，仿提香，布面油画，200×215cm，斯德哥尔摩国家博物馆
117	图97	提香，《和安德鲁斯岛人的酒神狂欢》，布面油画，175×193cm，马德里普拉多博物馆
119	图98	《圣塞巴斯蒂安》，布面油画，200×128cm，柏林画廊美术馆
119	图99	《安德洛墨达》，木板油画，189×94cm，柏林画廊美术馆
120	图100	《酒神》，木板油画转移到布面，191×161.3cm，圣彼得堡冬宫博物馆
120	图101	《被诅咒者的堕落》（细部），木板油画，288×225cm，慕尼黑老绘画陈列馆
121	图102	鲁本斯工作室，《酒醉的西勒诺斯》，布面油画，133.5×197cm，伦敦国家美术馆
122	图103	《镜前的维纳斯》，木板油画，124×98cm，列支敦士登画廊美术馆
122	图104	《世界的四个部分》，布面油画，209×284cm（四边都有裁剪），维也纳艺术史博物馆
123	图105	桑卓·波蒂切利，《维纳斯和马尔斯》，木板，17.3×69.2cm，伦敦国家美术馆
124	图106	卢西安，《裸男的背面》，布面油画，183×137.25cm，纽约大都会艺术博物馆
126	图107	华托，《热尔尚的商店招牌》（图50）细部
126	图108	华托，《西勒诺斯一行》，红、黑、白炭笔，15.4×21cm，华盛顿国家美术馆，保罗·谢菲尔德·摩根夫妇捐赠，向老画师素描策展人玛格丽特·摩根·格拉塞利致敬，祝贺国家美术馆成立50周年
127	图109	安托万·夸佩尔，《西勒诺斯被安格勒涂上桑葚》，1700年，布面油画，兰斯美术博物馆
127	图110	《酒神狂欢（西勒诺斯和安格勒）》，铅笔墨水，薄涂颜色，白色高光，14×12.5cm，安特卫普素描和版画陈列馆
127	图111	夏尔-安德烈·凡·洛，《酒醉的西勒诺斯》，1747年，布面油画，164×195cm，南锡美术博物馆
131	图112	《西勒诺斯、安格勒和其他人物形象》，铅笔墨水，薄涂颜色，28×50.7cm，英国皇家收藏
134	图113	《在吕科默得斯女儿们中的阿基利斯》，布面油画，246×267cm，马德里普拉多博物馆
135	图114	《朱庇特和卡利斯忒》，1613年，木板油画，126×184cm，卡塞尔威廉高地宫老画师作品陈列馆
135	图115	《参孙和黛利拉》，木板油画，185×205cm，伦敦国家美术馆
136	图116	《参孙被庸俗的人所劫持》，木板油画草图，37×58cm，马德里提森-博内米萨博物馆基金会
138	图117	《海格力斯和翁法勒》，木板油画，278×215cm，巴黎卢浮宫
138	图118	《维纳斯为阿多尼斯哀叹》，木板油画，273×215cm，巴黎私人收藏

138 图119 《酒醉的海格力斯》，木板油画，220×200cm，德累斯顿老画师作品陈列馆

138 图120 《被胜利女神加冕的英雄》，木板油画，221.5×200.5cm，慕尼黑老绘画陈列馆

141 图121 《伊莎贝拉·布朗特》，黑、红、白炭笔，薄涂颜色，38.1×29.5cm，伦敦大英博物馆

141 图122 《和海伦娜·福尔芒的自画像》，黑炭笔（图121的背面）

142 图123 《自画像》，黑炭笔，白色高光，20×16cm，英国皇家收藏

143 图124 《男女相拥》，黑炭笔（图123背面）

索 引

[条目后的数字为原书页码，即本书边码]

Anna of Saxony 萨克森的安娜 49–50

Aristotle 亚里士多德 170 n. 8

Audran, Claude, III 克洛德·奥德朗三世 70

Bassano, Jacopo 雅各布·巴萨诺 10

Bocchi, Achilles 亚基里·博基 123, 172 n. 15, pl. 92

Botticelli, Sandro 桑卓·波蒂切利 135, pl. 105

Boucher, François 弗朗索瓦·布歇 90–91, pl. 53

Bowery, Leigh 利·鲍厄里 135–136, 173 n. 21

Brant, Isabella 伊莎贝拉·布朗特 153–154, pl. 121

Brouwer, Adriaen 阿德里安·布劳沃 46–47, 58–62, 64, pls. 33–34

Bruegel, Jan, the Elder 老扬·勃鲁盖尔 58, 160 n. 16, pls. 69, 74

Bruegel, Pieter, the Elder 老彼得·勃鲁盖尔 7, 25, 31–32, 45, 49, 55–58, pl. 3

Burckhardt, Jacob 雅各布·布克哈特 20, 22, 159 n. 6

Caravaggio, Michelangelo Merisi da 卡拉瓦乔 58, 78–79, 83, 94, 128, pl. 44

Carracci, Annibale 安尼巴莱·卡拉奇 106, pl. 75

Charles I, King of England 查尔斯一世，英格兰国王 51

Coypel, Antoine 安托万·夸佩尔 138–139, 168 n. 3, pl. 109

Daumier, Honoré 奥诺雷·杜米埃 45, 161 n. 20

David, Jacques-Louis 雅各–路易·大卫 93–97, pls. 57–59

Degas, Edgar 埃德加·德加 140

Delacroix, Eugène 尤金·德拉克洛瓦 96–97, 147, pl. 60

Diderot, Denis 丹尼·狄德罗 82, 91–92, 167 n. 26

Diez, Christine von 克莉丝汀·冯·迪茨 49

Donatello 多纳太罗 140

Doyen, Gabriel-François 加布里埃尔–弗朗索瓦·杜瓦扬 91–92, pl. 55

Du Bos, Jean-Baptiste 让–巴普蒂斯特·杜博 77

Duchamp, Marcel 马赛尔·杜尚 118

Dürer, Albrecht 阿尔布雷希特·丢勒 22

Dyck, Anthony van 安东尼·凡·代克 50, 122–123, 169 n. 5, pls. 89–91

Eakins, Thomas 托马斯・埃金斯 133–134

Erasmus 伊拉斯谟 123–124

Eyck, Jan van 杨・凡・艾克 22, 55

Félibien, André 安德烈・费利比安 75

Ferdinand, Cardinal-Infante 费迪南德，王子主教 28, 32, 47, 52

Flaubert, Gustave 古斯塔夫・福楼拜 139

Floris, Frans 弗兰斯・弗洛里 55

Fourment, Helena 海伦娜・福尔芒 26, 118, 153

Freud, Lucian 卢西安・弗洛伊德 135, pl. 106

Gersaint, Edme-François 埃德姆-弗朗索瓦・热尔尚 81

Gevaerts, Caspar 卡斯帕・热尔瓦提乌斯 29

Giorgione 乔尔乔内 129

Gossart, Jan 让・格萨尔 22, 55, pls. 14–15

Hopfer, Daniel 丹尼尔・霍普费尔 pl. 27

Horace 贺拉斯 39

Huygens, Constantijn 康斯坦丁・惠更斯 52, 54

Ingres, Jean-Auguste-Dominique 安格尔 96, 129, pl. 61

Isabella, Clara Eugenia, Infanta and Archduchess 克拉拉・欧亨尼亚・伊莎贝拉公主和女大公 25, 34, 52–53

Joachimi, Albert 阿尔伯特・约阿希米 53–54

Jordaens, Jacob 雅各布・卓丹恩斯 171 n. 9

Junius, Franciscus 弗朗西斯库斯・尤尼乌斯 112

La Curne de Sainte-Palaye, Jean-Baptiste de 约翰-巴普蒂斯・圣帕拉耶 91

Le Sueur, Eustache 尤斯塔克・勒苏尔 91, pl. 54

Lessing, Gotthold Ephraim 戈特霍尔德・埃弗拉伊姆・莱辛 77

Louis XIV, King of France 路易十四，法国国王 36

Mander, Karel van 卡雷尔・范曼德 48

Manet, Eduard 爱德华・马内 83, 120, 129, 140

Mantegna, Andrea 安德烈亚・曼泰尼亚 106, 118, 123, 126, pls. 73–74

Mapplethorpe, Robert 罗伯特・梅普尔索普 135

Matisse, Henri 亨利・马蒂斯 100

Mayerne, Sir Theodore de 西奥多・梅耶内爵士 162 n. 25

Medici, Marie de' 玛丽・美第奇 5, 28, 51, 146

Michelangelo 米开朗琪罗 22, 140

Mor, Antonis 安东尼斯・摩尔 55

Nietzsche, Friedrich 弗雷德里希・尼采 140–141

Orange, Frederick Henry of Nassau, Prince of 弗雷德里克・亨利，拿骚的奥兰治亲王 54

Orange, Frederick William of Nassau, Prince of 弗雷德里克・威廉，拿骚的奥兰治亲王 49

Ostade, Adriaen van 阿德里安・凡・奥斯塔德 55

Panneels, William 威廉・帕尼尔斯 169 n. 5

Perino del Vaga 佩里诺・德尔・瓦加 149, 174 n. 31

Philip IV, King of Spain 菲利普四世，西班牙国王 26, 33, 51, 146

Picasso, Pablo 巴勃罗・毕加索 5, 49, 100

Piles, Roger de 罗歇・德・皮尔 2, 63, 67–68, 72–85, 89, 98–99, 114, 121, 126, 130, 133, 152–153, 164 nn. 40 and 4, 169 n. 5

Poussin, Nicolas 尼古拉・普桑 65–68, 72–76,

84, 89, 91–97, 99, 101, 138, pls. 36, 51–52, 62

Rabelais, François 弗朗索瓦·拉伯雷 124
Raphael 拉斐尔 77, 81, 97, 141, 146, pl. 46
Rembrandt van Rijn 伦勃朗 53, 74, 81, 101, 120, 126, 165 n. 15, pl. 45
Ribera, Jusepe de 胡塞佩·里贝拉 109, 168 n. 4, pl. 77
Richelieu, duc de 黎塞留 2, 73, 75–76, 112, 121, 130, 152, 164 n. 4
Rubens, Jan 扬·鲁本斯 49–50
Rubens, Peter Paul 彼得·保罗·鲁本斯
works of PAINTINGS
《在吕科默得斯女儿们中的阿基利斯》，马德里普拉多博物馆 147, pl. 113
《安德洛墨达》，柏林画廊美术馆 130, pl. 99
《酒神狂欢》，热那亚白宫 108, pl. 72
《酒神狂欢》，莫斯科普希金博物馆 106, 121, 123, 126, pls. 65, 88
《和安德鲁斯岛人的酒神狂欢》（仿提香），斯德哥尔摩国家博物馆 129, 161 n. 18, pl. 96
《酒神狂欢与西勒诺斯》，(?) 和扬·勃鲁盖尔，仿曼泰尼亚 118, pl. 74；也见扬·勃鲁盖尔
《酒神》，圣彼得堡冬宫博物馆 2, 130, pl. 100
《城堡公园》，维也纳艺术史博物馆 35, pl. 26
《查理五世征服突尼斯》，柏林画廊美术馆 164 n.39
《被诅咒者的堕落》，慕尼黑老绘画陈列馆 132, pl. 101
《拉肯的农场》，英国皇家收藏 31, pl. 21
《世界的四个部分》，维也纳艺术史博物馆 121, 130, 143, pl. 104
《爱情花园》，马德里普拉多博物馆 69–70, 153, pl. 40
《海格力斯和翁法勒》，巴黎卢浮宫 151, pl. 117
《酒醉的海格力斯》，德累斯顿老画师作品陈列馆 151–152, pl. 119
《被胜利女神加冕的英雄》，慕尼黑老绘画陈列馆 151–152, pl. 120
《朱庇特和卡利斯忒》，卡塞尔威廉高地宫老画师作品陈列馆 90, 147, pl. 114
《露天集市》，巴黎卢浮宫 2, 37, pls. 1, 4–12, 32, 37
《斯滕城堡的风景》，伦敦国家美术馆 35, pl. 25
《玛丽·美第奇的加冕》，巴黎卢浮宫 84, pls. 47–48
《玛丽·美第奇抵达马赛》，巴黎卢浮宫 5, 45, 72, pls. 2, 41
《诸婴殉道》，慕尼黑老绘画陈列馆 22, pl. 17
《格雷斯女神崇拜自然》，格拉斯哥城市博物馆：凯文葛罗夫艺术博物馆 108, 168–169 n. 4, pl. 69；也见扬·勃鲁盖尔
《森林仙女和萨提神》，马德里普拉多博物馆 108, pl. 70
《战争与和平》，伦敦国家美术馆 30, 114, pl. 19
《农民舞蹈》，马德里普拉多博物馆 22, 38, 44, 61, pl. 35
《皮毛包裹的海伦娜·福尔芒》，维也纳艺术史博物馆 22, 44, 114, pl. 16
《劫夺留西帕斯的女儿》，慕尼黑老绘画陈列馆 152
《劫掠萨宾妇女们》，伦敦国家美术馆 152
《参孙和黛利拉》，伦敦国家美术馆 149, pl. 115

《西勒诺斯之梦》，维也纳美术学院 pl. 76

《酒醉的西勒诺斯》，热那亚都拉佐-帕拉维奇尼宫 108, 123, 136, pl. 68

《酒醉的西勒诺斯》，慕尼黑老绘画陈列馆 106, 109, 118, 121-123, 139, 143, pls. 63, 87, 95

《圣塞巴斯蒂安》，柏林画廊美术馆 130, pl. 98

Rubens, Philip 菲利普·鲁本斯 73, 164 n. 2, 169 n. 5, 171 n. 9

Ruskin, John 约翰·罗斯金 10, 20, 24, 44, 65-67, 72, 114, 135, 159 n. 4

Saussure, Ferdinand de 费迪南德·索绪尔 98

Socrates 苏格拉底 123

Spinola, Ambrogio 安布罗焦·斯皮诺拉 27

Tacitus 塔西陀 53

Teniers, David, II 大卫·滕尼尔斯二世 33-34, 55, pl. 23

Thulden, Theodoor van 西奥多·凡·蒂尔登 pl. 18

Titian 提香 82, 128-129, 146, 151, 161 n. 18, pl. 97

Van Loo, Charles-André 夏尔-安德烈·凡·洛 139, pl. 111

Vasari, Giorgio 乔吉尔·瓦萨里 48, 74-76, 82

Velázquez, Diego 迭戈·委拉斯克斯 27, 51, 101, 171 n. 9

Vermeer, Johannes 约阿尼斯·维米尔 101

Vien, Joseph-Marie 约瑟夫-马里耶·维安 91-92, pl. 56

Virgil 维吉尔 39, 41, 106, 108, 112, 141-143, 150-151, 168 n. 3, 170 n. 8, 173 n. 28

Watteau, Antoine 安托万·华托 20, 44-45, 65, 68-72, 75, 81, 84-89, 90, 93, 97, 136, 164 n. 3, pls. 13, 38-39, 42-43, 49-50, 107-108

Winckelmann, Johann Joachim 约翰·约阿希姆·温克尔曼 82

Wölfflin, Heinrich 海因里希·沃尔夫林 98-99

图书在版编目（CIP）数据

制造鲁本斯／（美）斯韦特兰娜·阿尔珀斯著；龚之允译．—北京：商务印书馆，2019
（何香凝美术馆·艺术史名著译丛）
ISBN 978-7-100-16885-4

Ⅰ．①制… Ⅱ．①斯… ②龚… Ⅲ．①鲁本斯（Rubens, Peter Paul 1577-1640）—人物研究 Ⅳ．① K835.645.72

中国版本图书馆 CIP 数据核字（2018）第278880号

权利保留，侵权必究。

制 造 鲁 本 斯

〔美〕斯韦特兰娜·阿尔珀斯　著
龚之允　译　贺巧玲　校

商 务 印 书 馆 出 版
（北京王府井大街36号　邮政编码100710）
商 务 印 书 馆 发 行
山 东 临 沂 新 华 印 刷 物 流
集 团 有 限 责 任 公 司 印 刷
ISBN 978-7-100-16885-4

2019年1月第1版　　　开本 670×970　1/16
2019年1月第1次印刷　　印张 11½
定价：52.00元

"何香凝美术馆·艺术史名著译丛"
首批出版书目

──

《论艺术与鉴赏》
〔德〕马克斯·J. 弗里德伦德尔　著
邵　宏　译　田　春　校

《美术学院的历史》
〔英〕尼古拉斯·佩夫斯纳　著　陈　平　译

《艺术批评史》
〔意〕廖内洛·文杜里　著　邵　宏　译

《美术史的实践和方法问题》
〔奥〕奥托·帕希特　著
薛　墨　译　张　平　校

《造假——艺术与伪造的权术》
〔英〕伊恩·海伍德　著
殷凌云　毕　夏　译　郑　涛　校

《瓦尔堡思想传记》
〔英〕E. H. 贡布里希　著　李本正　译

《历史及其图像——艺术及对往昔的阐释》
〔英〕弗朗西斯·哈斯克尔　著
孔令伟　译　杨思梁　曹意强　校

《乔托的几何学遗产——科学革命前夕的美术与科学》
〔美〕小塞缪尔·Y. 埃杰顿　著
杨贤宗　张　茜　译